Reise durch

FRANKEN

Bilder von
Martin Siepmann

Texte von
Ulrike Ratay

Stürtz

Erste Seite:
Im Sommer werden die langen Holzbalkone im Innenhof der Alten Hofhaltung in Bamberg mit Blumen geschmückt. Kaiser Heinrich II. hatte hier seine Pfalz, die mit der Gründung des Bistums 1007 Bischofshof wurde.

Vorherige Seite:
Weihermauer der ehemaligen Freien Reichsstadt Weißenburg in Bayern. Berühmt ist der sogenannte Römerschatz von Weißenburg, der im 3. Jahrhundert v. Chr. vergraben und erst 1979 wiederentdeckt wurde. Die wichtigsten Fundgegenstände werden im Weißenburger Römermuseum ausgestellt.

Unten:
Unterhalb der Residenz erstrecken sich die weitläufigen Gewölbe und Kellergänge des Staatlichen Hofkellers Würzburg.

Als eines der größten und traditionsreichsten Weingüter Deutschlands lässt er sich urkundlich bis zum Jahre 1128 zurückverfolgen.

Seite 10/11: Seitenansicht der Residenz von Würzburg. Der berühmte Barockbau Balthasar Neumanns entstand in den Jahren 1720 bis 1744, der Hofgarten wurde ab 1756 unter anderem von Johann Michael Fischer entworfen und ist eine Kombination aus symmetrisch verspieltem Rokoko und englischem Landschaftsgarten.

Inhalt

Franken – ein gesegnetes Land

Blick von der Ruine Clingenburg aus dem 12. Jahrhundert auf den Ort Klingenberg, der auf einem schmalen Streifen zwischen dem Main und den Weinbergen des bekannten Klingenberger Spätburgunders liegt.

„Wanderlied"

Wohlauf, die Luft geht frisch und rein,
wer lange sitzt, muss rosten;
den allersonnigsten Sonnenschein
lässt uns der Himmel kosten.
Drum reicht mir Stab und Ordenskleid
der fahrenden Scholaren,
ich will zu guter Sommerzeit
ins Land der Franken fahren!

Der Wald steht grün, die Jagd geht gut,
schwer ist das Korn geraten;
sie können auf des Maines Flut
die Schiffe kaum verladen.
Bald hebt sich auch das Herbsten an,
die Kelter harrt des Weines;
der Winzer Schutzherr Kilian
beschert uns etwas Feines.

Wallfahrer ziehen durch das Tal
mit fliegenden Standarten;
hell grüßt ihr doppelter Choral
den weiten Gottesgarten.
Wie gerne wär ich mitgewallt;
ihr Pfarr' wollt mich nicht haben!
So musst ich seitwärts durch den Wald
als räudig Schäflein traben.

Zum heil'gen Veit zu Staffelstein
komm ich emporgestiegen
Und seh die Lande um den Main
zu meinen Füßen liegen:
Von Bamberg bis zum Grabfeldgau
umrahmen Berg und Hügel
die breite, stromdurchglänzte Au –
ich wollt, mir wüchsen Flügel.

So begeistert schrieb Joseph Victor von Scheffel im 19. Jahrhundert in seinem „Wanderlied" von Franken und auch Johann Wolfgang von Goethe ließ Maria in seinem Drama „Götz von Berlichingen mit der eisernen Hand" feststellen: „Franken ist ein gesegnetes Land'. Die Region zwischen Spessart und Fichtelgebirge, zwischen Rhön und Altmühltal ist reich an unterschiedlichsten Landschaften von den rauen Höhen der Mittelgebirge über die idyllische Fränkische Schweiz, vom breiten Maintal bis zum neuen Fränkischen Seenland, von den dichten Wäldern des Spessarts und Steigerwaldes bis zu den landwirtschaftlichen Kulturflächen des Ochsenfurter Gaus. So vielfältig wie die Landschaftsbilder sind die Kunst- und Kulturdenkmäler, die von der bewegten Geschichte der Region erzählen: Beeindruckende Gotteshäuser findet man nicht nur in den Bistumsstädten Bamberg und Würzburg, bedeutende Wallfahrtskirchen wie Vierzehnheiligen oder Gößweinstein weisen auf die tiefe Verwurzelung der Franken in der Religion. Freie Reichsstädte wie Nürnberg oder Rothenburg ob der Tauber zeugen von dem Stolz der Bürger, zahlreiche Burgen und Schlösser vom Repräsentationsbedürfnis der Fürsten: Markgräfliche Schlösser zieren Ansbach und Bayreuth, das Schloss Johannisburg in Aschaffenburg gilt als einer der schönsten Spätrenaissance-Bauten Deutschlands, Schönbornschlösser stehen in Pommersfelden und Mespelbrunn, mittelalterliche Burgen thronen auf den Felsen der Fränkischen Schweiz.

Gesegnet ist Franken auch mit fruchtbarem Boden und in seinen geschützteren Regionen, wie im Maintal, mit einem milden Klima: Berühmtestes Anbauprodukt ist der Wein; Spargel, Obst, Gemüse, sogar Tabak gedeihen hier. Getreide und Zuckerrüben wachsen auf den fränkischen Gäulandschaften, Braugerste wird in Unterfranken und im westlichen Oberfranken erzeugt, Hopfen gibt es bei Spalt und Hersbruck. Schließlich weist die Fränkische Schweiz die größte Brauereidichte Deutschlands auf. Der Untergrund Frankens spendet aber noch mehr: Nicht nur in der Rhön sprudeln Heilquellen. Dort wurde Lava unter den Buntsandstein gepresst und verschaffte sich einen Weg nach oben. Durch die dadurch entstandenen Risse stieg mineralhaltiges Wasser auf, das heilende Wirkung hat. In Bad Brückenau hilft das Wasser bei Frauen-, Magen- und Darm- sowie rheumatischen Krankheiten. Ludwig I. von Bayern ließ als häufiger Gast von seinem Lieblingsbaumeister Leo von Klenze das Bad und den Kursaal in griechischem Stil errichten. In Bad Kissingen lockten die

Die Wallfahrtskirche Maria im Weingarten liegt auf einem Hügel inmitten von Weinhängen bei Volkach. Berühmt ist die „Madonna im Rosenkranz" im Inneren, die Tilman Riemenschneider als eines seiner letzten Werke aus Lindenholz schnitzte. 1962 wurde die Muttergottes gestohlen, konnte aber unter geheimnisvollen Umständen zurückerworben werden.

Rakoczy- und Pandur-Quelle Berühmtheiten wie Kaiserin Elisabeth (Sissi), Zar Alexander II. und Bismarck, die mit ihren Aufenthalten den Ort zum Weltbad machten. Bad Bocklet gestalteten die Würzburger Fürstbischöfe zu einem Rokoko-Bad aus, in Bad Neustadt an der Saale helfen kohlensäurehaltige Kochsalzquellen gegen Galle- und Darmbeschwerden. Bad Königshofen in den Haßbergen, Bad Staffelstein im Oberen Maintal mit seinen Solequellen, Bad Alexandersbad, Bad Berneck, Bad Steben, Bad Rodach und Bad Windsheim machen das Dutzend fast voll.

Vor den Franken in Franken

Doch bevor die Franken die Region in Besitz nahmen, lebten verschiedene andere Völker hier. Mainfranken war bereits seit der Jungsteinzeit besiedelt, bis 100 v. Chr. errichteten die Kelten ihre Ringwälle zum Beispiel auf dem Schwanberg, Walberla oder Staffelberg. Sie wurden von den Römern vertrieben, die den Main als „nassen Limes" nutzten: Er bildete die Nordgrenze des Römischen Reiches in Germanien. Das Römerlager auf dem Marktbreiter Kapellenberg und die Funde aus Weißenburg belegen die Herrschaft der Römer, die jedoch im Jahre 212 endete, als die Germanen den Limes überrannten und ein römisches Castellum in der Nähe des heutigen Gunzenhausen zerstörten.

Zur Zeit der Völkerwanderung ziehen alle möglichen Völker durch und lassen sich nieder: Um 500 lebten hier Alemannen und Thüringer, Teile Oberfrankens standen unter slawischem Einfluss. Fünfzig Jahre später beginnt der Volksstamm der Franken, der ursprünglich am Mittel- und Niederrhein beheimatet war, das Gebiet planmäßig zu besetzen. 689 wurden die „Apostel der Franken", die aus Irland stammenden Missionare Kilian, Kolonat und Totnan, in Würzburg getötet, doch das Christentum breitet sich aus. Die Ermordung der Missionare hat übrigens die Ehefrau des bereits bekehrten Herzogs Gosbert angestiftet, da Kilian von Gosbert verlangte sich von ihr zu trennen. Damit wurde Kilian zum Märtyrer, später heilig gesprochen und schließlich zum Schutzheiligen des Bistums Würzburg, das 742 gegründet wurde.

Unter Karl dem Großen war Francia Orientalis (Ostfranken) Vorposten gegen die Slawen am Obermain und die Bayern im Süden. Zeugnis dieser Zeit sind die Reste eines riesigen Kanalprojektes, das man bei Graben, nördlich von Treuchtlingen findet: Karl der Große wollte 793 hier die fränkische Rezat mit der Altmühl und damit den Main mit der Donau verbinden. An die 6000 Mann sollen zeitweise an der Fossa Carolina gegraben haben. Doch sumpfiger Boden und wichtigere Kriege ließen das Vorhaben scheitern. Nachfolger Karls in der Kanalidee war König Ludwig I., dessen König-Ludwig-Kanal 1846 Bamberg und Kelheim verband. Sechs Tage brauchten die Schiffer, um auf 178 Kilometern 100 Schleusen zu überwinden. Doch die Eisenbahn war schneller und rentabler als die nur 1,60 Meter tiefe Wasserrinne, die in Vergessenheit geriet, teilweise zugeschüttet wurde und heute auf ihren alten Treidelpfaden Wanderer und Radler anzieht. Ein dritter Kanal wurde schließlich in den Siebzigerjahren bis 1992 mit dem Rhein-Main-Donau-Kanal geschaffen, Bamberg und Kelheim sind wiederum durch einen Wasserweg verbunden. Ökologisch umstritten, erfüllte der Kanal auch wirtschaftlich die Prognosen nicht.
Doch zurück ins frühe Mittelalter: Während der Herrschaft der Sachsenkaiser, nach 930, wurde ein eigenes Herzogtum Ostfranken gegründet, das jedoch nie eine selbstständige Gewalt entwickeln konnte, sondern als Königsland der jeweiligen Reichsgewalt unterstand.

Zwischen geistlicher und weltlicher Macht

1007 gründet Kaiser Heinrich II. das Bistum Bamberg und unterstellt es dem Papst. Der Staufer Friedrich Barbarossa bestätigt 1168 das fränkische Herzogtum der Würzburger Bischöfe, die dies durch eine Urkundenfälschung erschwindelt haben sollen: Sie präsentierten ihm eine Urkunde, in der zu lesen stand, dass die Würzburger Herzöge auch immer schon Herzöge von Franken waren. Der Kaiser bestätigte dies, da ihn der Würzburger Bischof mit der zwölfjährigen Beatrix von Burgund getraut hatte, der Alleinerbin des reichen Landstrichs. Um der Macht der beiden Bistümer etwas entgegensetzen zu können, wurden im 11. Jahrhundert Teile Frankens sogenannten Reichsministerialen anvertraut, die nur dem König gegenüber zur Treue verpflichtet waren. Die Salier bauten genau auf der Grenze zwischen den Bistümern Bamberg und Eichstätt ihre königlichen Güter aus, in der Gründung Nürnbergs manifestierte sich das kaiserliche Machtstreben. Weitere Stadterhebungen (Rothenburg, Feuchtwangen, Ansbach,

Sie sind selten geworden: Der kleine Dorfladen von Frau Leutzsch in der Gemeinde Hummeltal in der Fränkischen Schweiz bei Bayreuth. Über das alte Dorfleben in Franken informieren unter anderem die Freilichtmuseen in Bad Windsheim und Fladungen mit zahlreichen Veranstaltungen vom Bierbrauen bis zur Weihnachtsbäckerei.

Dinkelsbühl und Schweinfurt) sicherten die kaiserliche Macht. Im Spätmittelalter erwuchs den weltlichen und geistlichen Fürstentümern in den nach Freiheit und Autonomie strebenden, wirtschaftlich starken Städten bedeutende Konkurrenz. Die Aufsplitterung in ein „Gewirr von ineinandergeschachtelten großen, mittleren und kleinen Territorialherrschaften mit ihren geistlichen und weltlichen, städtischen und ritterschaftlichen Herren" war zu Beginn des 16. Jahrhunderts abgeschlossen und gab Franken laut Hans Max von Aufseß etwas charakteristisch „Buntgewürfeltes", das „auch für die Mannigfaltigkeit seiner Landschaften und den Abwechslungsreichtum seiner Bauten und Stile" gilt.

Bauernkrieg, Reformation und Gegenreformation

Um 1500 gliedert Kaiser Maximilian I. sein Reich neu in zehn Kreise und schließt 24 Territorien in den Kreis Franken zusammen, die heute noch ungefähr dem fränkischen Gebiet entsprechen, wobei das Untermaingebiet von Miltenberg bis Aschaffenburg, das zum Mainzer Reichskreis gehörte, sowie Coburg und Dinkelsbühl fehlten. Dann brechen in der ersten Hälfte des 16. Jahrhunderts stürmische Zeiten an: 1517 verkündet Martin Luther seine 95 Thesen, 1525 beginnt der „Bauernkrieg", dem zahlreiche Burgen und Klöster zum Opfer fallen. Im Territorium der Reichsstadt Rothenburg lag die Keimzelle des Aufstandes, in der „Ochsenfurter Ordnung" stellen die Bauern ihre Forderungen auf. Doch bereits im Juni werden die Aufständischen grausam niedergeschlagen, ein bekannter Anführer, Florian Geyer, im Gramschatzer Wald bei Würzburg ermordet.
Zeitgleich fand die Reformation außerhalb der Bistümer rasche Verbreitung: Die Markgrafschaften Ansbach und Bayreuth sowie zahlreiche Ritter und Städte schlossen sich friedlich der neuen Lehre an, Bilderstürmerei fand in Franken kaum statt. 1530 hielt sich Martin Luther während des Augsburger Reichstages auf der Coburger Veste versteckt. Doch Ende

des 16. Jahrhunderts leitete Fürstbischof Julius Echter von Mespelbrunn die Gegenreformation ein und begann mit den Hexenverfolgungen in den Hochstiften. Unter der Herrschaft Philipp Adolfs von Ehrenburg wurden über 900 „Hexen" hingerichtet. Lebten anfangs Katholiken und Evangelische friedlich nebeneinander, wurden nach 1609 unter dem Bischof Johann Gottfried von Aschhausen bekennende Lutheraner des Bamberger Bistums verwiesen. Andererseits war die Gegenreformation eine Zeit gewaltiger Kunstentfaltung. Durch die Sprache der Architektur und als Förderer von rund 400 Bauten wollte Julius Echter die Menschen von seiner Haltung überzeugen: Er ließ zahlreiche Kirchen, die Universität und das Juliusspital in Würzburg errichten. Sogenannte Juliustürme – massive Türme mit Zeltdach – verweisen bei vielen Dorfkirchen des Bistums Würzburg auf die Zeit der Rekatholisierung.

Barocker „Bauwurmb"

Im Dreißigjährigen Krieg gehörte Franken nicht zu den Hauptkampfplätzen, hatte aber unter Plünderungen, Hungersnöten und der Pest zu leiden. Nach dem Westfälischen Frieden fand 1649/50 in Nürnberg der „Friedensexekutionskongress" statt. Die Bistümer Würzburg und Bamberg waren nun katholisch, die Markgrafschaften Ansbach und Bayreuth weitgehend evangelisch, kleinere katholische und evangelische Gebiete lagen oft unmittelbar nebeneinander. Durch die fast unbeschränkte Macht großer und kleinerer Herren entstanden zu der Zeit des Absolutismus unzählige Bauten, die deren Repräsentationswillen entsprangen. Besonders aber prägte das Geschlecht der Schönborns die Architektur dieser Zeit: 1642 wurde Johann Philipp Fürstbischof von Würzburg und auch die nächsten 150 Jahre blieben die Schönborns über ein Geflecht von Brüdern, Vettern und Neffen (denn sie waren ja Bischöfe) an der Macht. Fürstbischof Lothar Franz von Schönborn war sogar vom „Bauwurmb" besessen: „Das Bauen ist ein Teufelsding, denn wenn man einmal angefangen hat, so kann man nicht mehr aufhören." In dieser Zeit entstanden die Residenzen in Würzburg und Bamberg, die Schlösser in Pommersfelden, in Ansbach und Bayreuth, in Werneck, Wiesentheid, Schillingsfürst und Sanspareil, die Wallfahrtskirchen Maria Limbach, Gößweinstein und Vierzehnheiligen.

Zu Beginn des 19. Jahrhunderts verschwand das seit 300 Jahren trotz seiner Aufsplitterungen existierende Gebilde „Franken" von der Landkarte. Durch den Reichsdeputationshauptschluss 1803 und den Wiener Kongress 1814/15 kam der größte Teil Frankens an

Blumengeschmückter Vorplatz von Schloss Weißenstein in Pommersfelden bei Bamberg. Das Barockschloss, das Johann Dientzenhofer für Lothar Franz von Schönborn erbaute, befindet sich noch heute im Besitz der Grafen von Schönborn. Berühmt ist das repräsentative Treppenhaus im Mittelteil des Schlosses.

Bayern, ein kleinerer an Hessen, sowie Baden und Württemberg. Klöster und Stifte wurden säkularisiert, Kunstwerke und Bibliotheken wurden unter Minister Montgelas nach München gebracht.

Die erste deutsche Eisenbahn

Auch wenn in Franken die Industrialisierung eher gemäßigt Fuß fasste, fuhr immerhin die erste Eisenbahn Deutschlands 1835 von Nürnberg nach Fürth. Nur 6,42 Kilometer maß die erste Bahnstrecke zwischen den Nachbarstädten, als am 7. Dezember 1835 der Dampfeisenbahnzug auf ihr entlangschnaufte. Den „Adler", die erste deutsche Lokomotive, musste man noch in England kaufen, Schienen wurden aber in Raselstein, die Wagen in Lohr, Fürth und Nürnberg hergestellt. Bereits 1848 war die Strecke Nürnberg – Bamberg – Hof fertig gestellt. Bekannte fränkische Unternehmerpersönlichkeiten des 19. Jahrhunderts waren zum Beispiel Lothar Faber mit seiner Bleistiftfabrikation, Friedrich Fischer, der die Kugellagerproduktion nach Schweinfurt brachte, oder der Farbenfabrikant Wilhelm Sattler.

Mit dem freiwilligen Anschluss Coburgs an Bayern 1920 hatte Franken fast seine heutige Ausdehnung erreicht, 1937 wurden die Regierungsbezirke Unter-, Mittel- und Oberfranken geschaffen und 1945 kam das thüringische Ostheim vor der Rhön dazu. Unter den Nationalsozialisten erlangte Nürnberg traurige Berühmtheit als „Stadt der Reichsparteitage". 1935 wurden die „Nürnberger Gesetze" erlassen, in denen zum Beispiel „gemischtrassige" Eheschließungen unter Strafe gestellt wurden, 1945 fanden die „Nürnberger Prozesse" gegen NS-Funktionäre vor einem internationalen Militärgericht statt. Auf dem Reichsparteitagsgelände mit seinen martialischen Bauten informiert heute ein Dokumentationszentrum über die Geschichte der Parteitage und die NS-Propaganda.

In den Bombenangriffen des Zweiten Weltkrieges wurden die historischen Stadtkerne von Würzburg und Nürnberg, die Industriezentren Aschaffenburg und Schweinfurt schwer

zerstört, aber auch viele kleinere Städte und Gemeinden kamen zu Schaden. Es folgte ein rascher Wiederaufbau, doch Teile Ober- und Unterfrankens wurden zum deutsch-deutschen Grenzgebiet. Erst mit dem Fall der Mauer 1989 liegt Franken wieder in der Mitte Deutschlands.

Von Franken und Bayern

„Eigenlich begiert das Auslahnd ieber der Dohnau, indem die brofinz Franken kohmt." Dies lässt Ludwig Thoma 1909 Jozef Filser in seinem „Briefwechsel eines bayrischen Landtagsabgeordneten" schreiben. Und in der Tat gehört Franken zwar politisch noch immer zu Bayern, Abspaltungstendenzen gab es allerdings seit der „Einverleibung". Viele Franken hätten lieber ihr eigenes Bundesland, fühlen sie sich doch manchmal von der Münchner Landespolitik vernachlässigt. So bedeutete das Wort „Franke" früher „der Freie", was sich noch in der Redewendung „frank und frei" erhalten hat.

Von den Bayern unterscheidet sich der Franke allein schon durch die Sprache: das Fränkische. Ein Dialekt, der innerhalb Frankens stark variieren kann. Gemeinsames Kennzeichen aller fränkisch Sprechenden sind jedoch die Schwierigkeiten bei der Unterscheidung von „b' und „p", „d" und „t", denn es gibt nur ein hartes und ein weiches „d" und „b". Meistens wird auch das „k" zum „g" und so wird aus der „Politik" die „Bolidig". Nur in dem Wort „Garage" wird plötzlich aus einem weichen „g" ein hartes. Und so stellt man sein Auto „nei di Karaasch". Doch eigentlich sind harte Konsonanten dem Franken ein Gräuel. Einheitlich lauten bestimmte Ausdrücke wie zum Beispiel „gell" und „fei" zur Bekräftigung einer Aussage, wohingegen man bei den Endsilben zumindest die Ober- und Unterfranken unterscheiden kann: So heißen in Schweinfurt die Brötchen „Brödli", in Bamberg hingegen „Brödla". Dem Main kann man mit den verschiedensten Vokalen begegnen: „Maa", „Mee" oder auch „Moo". In der Gärtnerstadt Bamberg hat das Gemüse gar eigentümliche Namen: Heißen die Gewürzgurken auch anderswo in Franken „Kümmerli", wird man Keesköhl (Blumenkohl), Benät (Spinat) und Stazzänäri (Schwarzwurzeln) kaum noch finden. Gewöhnungsbedürftig ist für Nichtfranken vermutlich auch, wenn man im fränkischen Gasthaus nicht gefragt wird: „Was möchten Sie bitte bestellen?", sondern recht ruppig: „Was wollds denn ihr?" Doch dafür muss man auf manchem Bamberger Bierkeller auch nicht erst um „a Seidla" Bier bitten, sondern zeigt durch ein Umlegen des Kruges an, dass man ein neues möchte. In Bamberg geht man übrigens

Auf dem Kreuzberg in der Rhön sollen einst St. Killian und zwei seiner Gefährten ein Kreuz errichtet haben und gaben damit Frankens heiligem Berg seinen Namen.

nicht „in", sondern „auf den Keller", da die Biergärten der Stadt auf den alten Bierkellern entstanden sind und deren Namen übernommen haben. Außerdem ist der Bamberger ein Künstler der kurzen Sätze: So bestellt man dort in der Traditionsbrauerei Mahr die Spezialität mit zwei Vokalen: A (=ein) U (=ungespundetes Bier, d.h. nicht mit Kohlensäure versetzt)!

Von Dichtern und Denkern

Mit längeren Sätzen beschäftigten sich die Dichter Frankens. Schon das Mittelalter glänzt mit bedeutenden Minne- und Meistersängern – unter anderen Wolfram von Eschenbach und Walther von der Vogelweide. Der Meistersang war eine letzte Ausformung des Minnesangs und wurde vom 14. bis zum 16. Jahrhundert von Dichter-Handwerkern in deutschen Städten gepflegt. Das Singen folgte festen Regeln, Singschulen waren den verschiedenen Zünften angegliedert. Die Meistersinger waren zuständig für den Kirchengesang und das Wirtshaussingen. Der berühmteste von ihnen, Hans Sachs, wurde als Sohn eines Schneidermeisters in Nürnberg geboren und ließ sich zum Schuhmacher ausbilden. An die 4000 Meisterlieder sind von ihm überliefert.

Den „Löblichen Hirten- und Blumenorden an der Pegnitz", auch bekannt als „Nürnberger Dichterkreis" gründete Georg Philipp Harsdörffer 1644. Weit mehr bekannt als die Natur-, Liebes- und Schäferdichtungen dieses Zirkels, war der in Wunsiedel geborene Jean Paul, der zu den meistgelesenen Autoren seiner Zeit gehörte und bei seinen Zeitgenossen beliebter als Goethe und Schiller gewesen sein soll. Nach Aufenthalten in Weimar, Leipzig und Berlin mietete er zum Schreiben eine Stube in der Rollwenzelei, eine Gastwirtschaft vor den Toren Bayreuths nahe der Eremitage, wo man ihn so gut versorgte, dass er schrieb: „Leider macht mein Leib auch verstärkte Auflagen von sich und ich verdicke mich täglich."

E.T.A. Hoffmann kam 1808 nach Bamberg, wo er fünf Jahre am Theater arbeiten sollte. Der romantische Dichter Frankens war Friedrich Rückert. Clemens Brentano starb in Aschaffenburg. Leonhard Frank aus Würzburg, Jakob

Wassermann aus Fürth und Hermann Kesten aus Nürnberg sind Literaten des 20. Jahrhunderts, die jedoch unter den Nationalsozialisten zu leiden hatten – Frank und Kesten verließen Deutschland.

Doch nicht nur in der Literatur auch in anderen Disziplinen machten Franken von sich reden: Johannes Müller aus Königsberg, bekannter als Regiomontanus (Königsberger) war im 15. Jahrhundert der berühmteste Mathematiker und Astronom Europas und gründete die erste deutsche Sternwarte in Nürnberg. Als Regiomontanus' Schüler gab sich der Nürnberger Martin Behaim in Portugal aus und wurde dort in die „Junta der Astronomen und Mathematiker" aufgenommen. Nach Nürnberg zurückgekehrt schuf er den ältesten erhaltenen Erdglobus, der im Germanischen Nationalmuseum zu sehen ist. In Bad Staffelstein kam der Rechenmeister Adam Ries, fälschlicherweise Adam Riese genannt, zur Welt, dessen Lehrbücher zur Praxis des Rechnens jahrhundertelang den Rechenunterricht beeinflussten. Im 19. Jahrhundert entdeckte Wilhelm Conrad Röntgen die nach ihm benannten Strahlen in Würzburg, Aloys Alzheimer, der als erster die nach ihm benannte Erkrankung der Hirnrinde diagnostizierte, stammt aus Marktbreit.

„Franken ist wie ein Zauberschrank; immer wieder neue Schubfächer tun sich auf und zeigen bunte, glänzende Kleinodien, und das hat kein Ende", notierte sich Karl Immermann 1837. Und in der Tat entdeckt man die vielfältigen Landschaften, die Berge, Wälder und Flusstäler, die schönen Städte und malerischen Dörfer, die Kunst- und Kulturdenkmäler dieser wahrlich „gesegneten" Region immer wieder neu und wird nie ganz fertig …

Seite 22/23: *Alljährlich im September erinnern in Rothenburg ob der Tauber die Reichsstadtfesttage an die Errettung der Stadt im Dreißigjährigen Krieg, aber auch an andere Begebenheiten der Stadtgeschichte.*

Seite 24/25: *Nordheim am Main, an der malerischen Schleife des Altmains gelegen, gilt als größte Winzergemeinde Weinfrankens. Hier probiert man die Weine, welche die Lagen Nordheimer Vögelein oder Nordheimer Kreuzberg hervorbringen, direkt beim Erzeuger.*

RESTAURANT
RESTAURANT & CAFE

Das idyllische Häuserensemble am Ufer der Regnitz in Bamberg erinnert mit den hauseigenen Bootsstegen an Venedig und wird auch „Klein-Venedig" genannt. Hier wohnten die Fischer und Schiffer der Stadt, die durch den alten Ludwig-Donau-Main-Kanal einst einen regen Schiffshandelsverkehr hatte.

Drei Silberspitzen auf rotem Grund bilden das fränkische Wappen, den „fränkischen Rechen", und symbolisieren zugleich die drei Regierungsbezirke: Ober-, Mittel- und Unterfranken. Wobei die Bezeichnungen nichts mit der geografischen Lage von Nord und Süd, beziehungsweise „oben" und „unten" zu tun haben. Oberfranken liegt östlich neben Unterfranken und Mittelfranken südlich der beiden Ersteren.

Historisch gesehen waren das Fürstbistum Bamberg und die Markgrafschaft Bayreuth die größten und bedeutendsten zusammenhängenden Territorien im ehemaligen fränkischen Reichskreis. Tausend Jahre Baukunst prägen noch heute die alte Kaiser- und Bischofsstadt Bamberg, deren Altstadt auf den sieben Hügeln zum Weltkulturerbe der UNESCO gehört.

Nicht ganz so alt ist die Braukunst, die in der Stadt noch mit neun Brauereien vertreten ist und deren Erzeugnisse besonders im Sommer auf den Bierkellern munden. Bayreuth ist Verwaltungshauptstadt, ihr Stadtbild ist einerseits geprägt durch die Markgräfin Wilhelmine, die die Stadt zu einem schillernden Residenzsitz mit Schlössern und Lustgärten ausbaute, andererseits wacht das Wagner-Festspielhaus auf dem grünen Hügel. Erst 1920 kam Coburg zu Franken, das unter der Herrschaft des sächsischen Fürstengeschlechts der Wettiner stand und häufig eine Sonderrolle spielte.

Im Süden des Bezirks liegt die Fränkische Schweiz mit ihren malerischen Felsen, idyllischen Flusstälern, bizarren Tropfsteinhöhlen und mittelalterlichen Burgen, die schon Ludwig Tieck und Wilhelm Heinrich Wackenroder mit Begeisterung durchwanderten. Nach Nordosten hin schließen das Fichtelgebirge mit dem Ochsenkopf, auf dem die Quelle des Weißen Mains entspringt, und dem höchsten Berg Frankens, dem Schneeberg mit 1053 Metern, sowie der Frankenwald die Region ab.

STADT BAMBERG

Unten:
Der Tordurchgang des Alten Rathauses von Bamberg von der Bürgersiedlung im Sand her gesehen. Der dreigeschossige Turm auf der Oberen Brücke stammt noch aus dem Mittelalter, im Barock wurde ihm beiderseits eine Fassade vorgeblendet, die Rokokobalkone und Wappen stammen von Bonaventura Mutschele. Die Fassaden an den Längsfronten bemalte Johann Anwander.

Unten:
Neben der Oberen Brücke führt die Untere Brücke an der Seite des Alten Rathauses über die Regnitz. Wie alle Brücken am Ende des Zweiten Weltkrieges gesprengt, wurde diese nicht wieder originalgetreu aufgebaut, sondern durch einen schmucklosen Betonbau ersetzt, den jedoch die heilige Kunigunde ziert, die letzterhaltene von ehemals fünf Rokokofiguren von Peter Benkert. Im Hintergrund blickt man auf das ehemalige Schlachthaus mit der Ochsenskulptur, in dem heute ein Teil der Universitätsbibliothek untergebracht ist.

Rechte Seite:
Einmalig ist die Lage des Bamberger Alten Rathauses auf einer künstlichen Insel im linken Regnitzarm. Es verbindet seit 1453 die alte Bürgersiedlung im Sand unterhalb des Dombergs mit der neuen Siedlung jenseits der Regnitz . Das Rottmeisterhäuschen mit seinem malerischen Fachwerk wurde 1668 angefügt.

Fronleichnam ist einer der höchsten Feiertage im katholischen Festtagskalender. Die Fronleichnamsprozession in der Erzbistumsstadt Bamberg führt vom Dom durch die Stadt zum Maxplatz, auf dem der Schlussgottesdienst stattfindet. Dabei werden teils lebensgroße und reich geschmückte Marien- und Heiligenskulpturen sowie Monstranzen durch die Straßen getragen, an eigens aufgebauten Altären wird gebetet und gesungen.

Links:
Spätgotische Fachwerkbauten mit hohen Satteldächern und langen Holzbalkonen umstehen den Innenhof der Alten Hofhaltung. Im Sommer wird der Hof zur Kulisse der Calderon-Festspiele.

Ganz links:
Die berühmteste Skulptur der Stadt: der Bamberger Reiter. Bis heute gibt die „Meisterleistung abendländischer Bildhauerei“ Rätsel auf: Es ist weder bekannt, wer die Figur schuf, noch wen sie darstellen soll. Man weiß jedoch, dass sie um 1235 entstand und einst bunt gefasst war.

Links:
Blick vom östlichen Georgenchor zum frühgotischen Peterschor des Bamberger Doms. Zu Füßen liegt das Kaisergrab von Heinrich II. und der heiligen Kunigunde, das Tilman Riemenschneider schuf. Im Westchor findet sich übrigens auch das einzige Papstgrab (Clemens II., gest. 1047) nördlich der Alpen. Das Innere des Gotteshauses wirkt etwas karg und kühl, was auf eine „Stilreinigung“ des 19. Jahrhunderts zurückzuführen ist, die die nachmittelalterliche Ausstattung rigoros entfernte.

Seite 32/33:
Der Rosengarten der Neuen Residenz in Bamberg besteht aus über 70 Beeten, in denen während der Sommermonate rund 4500 Rosen blühen und duften. Die regelmäßig-symmetrische Anlage wurde 1733 nach Entwürfen von Balthasar Neumann gestaltet. Hier genießt man auch einen schönen Blick auf Bamberg und auf den Michelsberg, auf dem ein ehemaliges Benediktinerkloster thront.

Unten:
Einen der schönsten Ausblicke auf Bamberg kann man vom Spezial-Keller bei einem kühlen Rauchbier genießen. In Ober- und Mittelfranken geht man zum Biertrinken „auf" den Keller, denn die Biergärten liegen oft auf den Kellergewölben, in denen früher das Bier gekühlt wurde.

Rechts oben:
Auf den Kellern in Bamberg treffen sich Jung und Alt, Arbeiter und Professoren. Eine Besonderheit fast aller Bamberger Bierkeller ist, dass man seine Brotzeit selbst mitbringen darf und nur das Bier dazu bestellen muss.

Rechts Mitte:
Aber auch in Bambergs Innenstadt kann man in zahlreichen Restaurants, Brauereigaststätten und Kneipen fränkische Spezialitäten wie „Schäuferla“ (knusprig gebratene Schweineschulter) und „Krenfleisch“ (Rindfleisch mit Meerrettich) probieren.

Rechts unten:
Wenn man nicht auf den Keller geht, kann man zum Beispiel am Katzerberg „A echt Schlenkerla‘, das berühmte Rauchbier Bambergs, bestellen.

Steinwein und Rauchbier, Blaue Zipfel und Ziebeleskäs – fränkische Köstlichkeiten

Sende mir noch einige Würzburger, denn kein anderer Wein will mir schmecken, und ich bin verdrießlich, wenn mir mein gewohnter Lieblingstrank ausgeht," notierte Goethe für seine Frau Christiane. Wird der eine unleidlich, wenn er keinen Wein bekommt, bereut Kurt Tucholsky auf einer Wanderung durch Franken am nächsten Morgen: „Wir hätten sollen nicht soviel Steinwein trinken. Aber das ist schwer: so etwas von einer Reinheit; von klarer Kraft, von aufgesammelter Sonne und sonnengetränkter Erde war noch nicht da." Einig sind sie sich beide in der Wertschätzung des wohl berühmtesten fränkischen Weines, des Würzburger Steinweins. Aber nicht nur in Würzburg, in zahlreichen Weindörfern an Mainvier- und -dreieck und an den Hängen des Steigerwaldes bieten die Winzer ihre edlen Tropfen an, denen allgemein eine „noble Trockenheit" nachgesagt wird. Seit dem 8. Jahrhundert gibt es Wein-bau in Franken, die ältesten Rebsorten sind Silvaner und Riesling, um 1880 kam der Müller-Thurgau hinzu, erst nach dem Zweiten Weltkrieg die Neuzüchtungen Bacchus, Scheurebe, Kerner und Rieslaner. Schwarzriesling, Spätburgunder und Portugieser sind die Trauben des seltener, aber immer häufiger, angebauten fränkischen Rotweins.

Symbol des Frankenweins ist der Bocksbeutel geworden, eine Flaschenform, für die angeblich der Beutel des Bocks Vorbild gewesen sein soll. Ausgeschenkt wird Wein in sogenannten Schoppen (Viertellitergläser), gemischt mit Mineralwasser heißt das Getränk Schorle und im Herbst ist der Bremser oder Federweiße (noch gärender junger Wein) eine Spezialität der Heckenwirtschaften, die zeitlich begrenzt eigene Weine und Federweißen sowie kleine Speisen anbieten. Gefeiert wird der Rebensaft auf bis zu 250 Weinfesten, von gemütlichen Hofschoppenfesten bis zu Großveranstaltungen in Würzburg oder Volkach.

Schlenkerla, Spezi und Ungespundetes

Neben dem Weinfranken existiert noch ein anderes Franken, das „Bierfranken", welches Teile Oberfrankens und Mittelfrankens umfasst, wobei Kulmbach, Erlangen und Bamberg die städtischen Brennpunkte der Bierherstellung sind. Bier hat mindestens ebensoviel Tradition wie Wein und schon Friedrich Hölderlin wusste es zu loben: „(...) und ich vergesse unseren Neckarwein leicht bei dem trefflichen Biere, das, wie von mir, auch von der Herschaft getrunken wird. Ich fühle mich auch ganz gesund dabei." Allein in Bamberg existieren noch neun Privatbrauereien, deren jede ihre eigenen Spezialitäten herstellt. Die bekannteste ist das Schlenkerla-Rauchbier, an das man sich als Auswärtiger erst nach dem dritten Seidla (halber Liter) gewöhnt haben soll. Der besondere Geschmack kommt daher, dass die Braugerste nicht getrocknet, sondern über einem Buchenholzfeuer geräuchert wird. Seit 1678 wird das dunkle Bier im „Schlenkerla" ausgeschenkt, seit 1536 bereits das zweite nicht ganz so intensive Rauchbier Bambergs in der Brauerei Spezial (kurz „Spezi"). Daneben gibt es aber Weißbiere, Helles und Dunkles, Pils, Lager, Bock- und Kellerbier – in jeder Brauerei schmeckt das Bier wieder anders. Und Brauereien gibt es viele, denn die Region um Bamberg weist die größte Brauereidichte Deutschlands auf. Aufseß in der Fränkischen Schweiz steht seit dem Jahr 2000 sogar im Guinness-Buch der Rekorde: Die vier Brauereien versorgen (statistisch) circa 1500 Einwohner.

Zum Bier passt besonders gut eine fränkische Brotzeit, zu der, wie der Name schon sagt, Brot gehört, die ansonsten aber viele Varianten hat: Von Ziebeleskäs (Quark), Gerupften (angemachter Käse), Backsteinkäs (Limburger) mit Musik (Essig, Öl und Zwiebeln) über Göttinger, Leberwurst, weißen und roten Presssack, Knäudele (Blutwurst), Zwetschgenbamers (über Zwetschgenholz geräuchertes Rindfleisch), Dosenfleisch und Tellersülze bis hin zum Brotzeitteller oder zur Brotzeitplatte (oft auf einem Holzbrett), auf dem meist verschiedene Sorten Hausmacherwurst zu finden sind. Bei den warmen Gerichten nimmt die Bratwurst eine Sonderstellung ein, die in ganz Franken in verschiedensten Formen gegessen wird, von den nur fingerlangen Nürnbergern bis zu den großen Coburger Rostbratwürsten. Ein besonderes Geschmackserlebnis sind die Blauen Zipfel – in Wein-Essig-Zwiebelsud gesottene Bratwürste. In Franken steht überhaupt viel Fleisch auf der Speisekarte: Knöch-

Links:
Edle Weine werden seit dem 8. Jahrhundert in Franken angebaut. Silvaner, Müller-Thurgau oder Riesling lassen sich am besten bei den Winzern vor Ort probieren.

Oben:
Der Biervielfalt trägt das Bayerische Brauereimuseum Kulmbach mit seiner Krugausstellung Rechnung. In Kulmbach wird auch das stärkste Bier der Welt gebraut: elf Prozent Alkohol und 28 Prozent Stammwürze, genannt „Kulminator".

la (gekochte Schweinshaxe) und Schäuferla (knusprig gebratene Schweineschulter), Schweinebraten, Rindfleisch und Kree (Meerrettich) und auch Schlachtplatte. An heimischen Fischen werden besonders Karpfen und Forellen, gebacken oder blau (in Wein-Essig-Sud), sowie „Meefischli" fingerlange Weißfische aus dem Main, die man mit Kopf und Schwanz isst, angeboten. Naschkatzen finden hier ebenso ihre Spezialitäten: zum Beispiel Knieküchle (ausgezogene Krapfen), Schneeballen (zusammengedrehte und in heißem Fett ausgebackene Mürbteigstreifen) und die berühmten Nürnberger Lebkuchen.

Rechts oben:
Ein frühsommerlicher Genuss ist fränkischer Spargel. Ob man ihn nur mit zerlassener Butter und Kartoffeln, mit Sauce hollandaise oder mit Schinken isst, bleibt Geschmackssache.

Rechts Mitte:
Auf einer fränkischen Brotzeitplatte darf auf keinen Fall Hausmacherwurst (Leberwurst, Blutwurst, Presssack) fehlen, Schinken, Käse und „Gerupfter" (Mitte) können dazukommen.

Rechts:
Ein Klassiker der fränkischen Küche: Acht „Nürnberger" mit Sauerkraut. Je nach Appetit bestellt man sich die fingerlangen Bratwürste in der entsprechenden Anzahl.

Im Ehrenhof von Schloss Weißenstein in Pommersfelden, eine der glanzvollsten Anlagen des fränkischen Barock. Fürstbischof Lothar Franz von Schönborn ließ sich diese überaus repräsentative Wohnstatt von dem Bamberger Hofbaumeister Johann Dientzenhofer erbauen, nachdem er den Besitz von den Truchsessen von Nainsdorf und Pommersfelden geerbt hatte.

Die Kaskaden von Schloss Seehof bei Memmelsdorf locken seit der Restaurierung wieder mit ihren Wasserspielen. Antonio Petrini errichtete Ende des 17. Jahrhunderts das Sommerschloss des damaligen Bamberger Fürstbischofs, das von einem schön angelegten Park umgeben ist.

Wallfahrten zu dem Gnadenbild der Heiligen Dreifaltigkeit in Gößweinstein finden seit dem 15. Jahrhundert statt. Im 18. Jahrhundert hatte der Pilgerstrom solche Ausmaße angenommen, dass der Bamberger Fürstbischof Karl Friedrich von Schönborn von Balthasar Neumann die heutige Basilika errichten ließ.

Seite 40/41: *Blick auf Gößweinstein mit Wallfahrtsbasilika und Burg, die zu den ältesten Festungsanlagen der Fränkischen Schweiz gehört, im späten 19. Jahrhundert aber im Sinne der „Burgenromantik" umgebaut wurde. Der Name „Gößweinstein" hat übrigens nichts mit „Wein" zu tun, sondern stammt von einem Grafen des 11. Jahrhunderts namens „Goswin".*

Auf dem Marktplatz von Lichtenfels, der größten Stadt im Oberen Maintal. Das barocke Rathaus wurde ab 1740 von Justus Heinrich Dientzenhofer erbaut.

Bekannt ist Lichtenfels für seine Korbflechterei, hier befindet sich auch eine Berufsschule für dieses Handwerk. Der Korbmarkt im September gilt als der größte Deutschlands.

Oben:
Blick vom Staffelberg auf Bad Staffelstein, wo 1975 die wärmste und stärkste Thermalsole Bayerns entdeckt wurde. Auf dem Staffelberg, der mit seinem Kalkplateau das Obere Maintal beherrscht, siedelten bereits die Kelten; Victor von Scheffel besang die schöne Aussicht in seinem Wanderlied.

Links:
Der Fachwerkaufbau des Rathauses von Bad Staffelstein entstand nach einem Brand 1684 auf dem spätmittelalterlichen Untergeschoss. Bekanntester Staffelsteiner ist der Mathematiker Adam Ries, der um 1492 hier geboren wurde.

Oben:
Markgräfin Wilhelmine von Bayreuth ließ sich die Idylle von Sanspareil („Ohnegleichen“) in den Jahren 1745 bis 1748 von dem Hofarchitekten Joseph Sainte-Pierre schaffen. Der „Morgenländische Bau“ mit seinen fantasievollen Verzierungen ist ein Palast in Miniaturformat.

Rechts:
In einem Buchenhain wurde Sanspareil als kunstvoller Landschaftsgarten des Rokoko angelegt, zu dem auch ein Ruinentheater gehört.

Links:
Trockenen Hauptes gelangten die Schlossherren von Thurnau über den Kirchgang in die Pfarrkirche. Der am nördlichen Rand der Fränkischen Schweiz gelegene Ort ist besonders für seine Töpferei bekannt, deren Tradition bis ins 14. Jahrhundert zurückgeht.

Unten:
Eine von vielen in der Fränkischen Schweiz: Burg Egloffstein thront über dem Trubachtal. Der mehrmals veränderte Bau der Freiherren von Egloffstein stammt aus dem 12. Jahrhundert.

Bei der Stempfermühle am Ufer der Wiesent beginnt ein steiler Fußweg zu dem auf der Höhe gelegenen Wallfahrtsort Gößweinstein. Kajakfahren auf der Wiesent ist ein beliebter Sommersport.

Linke Seite:
Im Tal der Wiesent, dem Hauptfluss der Fränkischen Schweiz. Schon Ludwig Tieck und Wilhelm Heinrich Wackenroder waren Ende des 18. Jahrhunderts von der Idylle des damals „Muggendorfer Gebürg“ genannten Landstrichs begeistert. Den Begriff „Fränkische Schweiz“ prägte 1829 der Kunstschriftsteller Josef Heller, der die Landschaften der Schweiz hier in verkleinertem Maßstab wiederzuerkennen meinte.

Wandern ist in der gesamten Fränkischen Schweiz ein Vergnügen, so auch im Kleinziegenfelder Tal, in dem der Weismain entspringt, der nicht mit dem Weißen Main zu verwechseln ist.

Oben:
Das Fachwerkdorf Tüchersfeld im idyllischen Püttlachtal mit seinen markanten Felstürmen entstand um zwei Burgen aus dem 13. Jahrhundert, die jedoch zerstört wurden.

Rechts:
In den Ruinen der unteren Burg wurde Anfang des 18. Jahrhunderts eine jüdische Siedlung, der sogenannte Judenhof, angelegt, die sich jedoch 1871/72 wieder auflöste.

Oben:
Wildromantisch liegt Burg Rabenstein über dem Ailsbachtal. Erstmals errichtet wurde sie wohl im 12. Jahrhundert, der heutige Bau stammt aus der Zeit um 1829.

Links:
In Effeltrich am westlichen Rand der Fränkischen Schweiz werden nicht nur zur Fronleichnamsprozession noch Trachten getragen. Die Wehrkirche St. Georg ist von einer Mauer mit fünf Türmen umgeben.

Ein Paradies für Kletterer sind die Felsen des Walberla, eines über dem Wiesenttal aufragenden Hochplateaus. Auf der kahlen Berghöhe siedelten schon die Kelten, Funde weisen auf eine heidnische Kultstätte hin, die sich später zu einem christlichen Wallfahrtsort der Heiligen Walpurga mit Kapelle entwickelte. Das legendäre Walberlafest am ersten Sonntag im Mai wurde bereits 1360 erstmals urkundlich erwähnt.

Die Binghöhle in Streitberg ist die bekannteste der vielen Tropfsteinhöhlen in der fränkischen Schweiz. Entdeckt wurde sie 1905 von Ignaz Bing, der jedoch zuerst einen 13-jährigen Jungen vorausschickte, da das gefundene Erdloch für ihn zunächst zu schmal war. Bereits seit 1907 sind die bizarren Tropfsteingebilde elektrisch beleuchtet.

Ganz links:
Auf dem Marktplatz von Ebermannstadt leert ein bronzener Buttenträger begleitet von Ziegen seine Butte in das eckige Brunnenbecken. Das Städtchen liegt idyllisch im breiten unteren Tal der Wiesent.

Links:
Der Rathausplatz von Forchheim gilt als einer der schönsten in Franken. Die Fachwerkfassade und der schlanke Glockenturm des Rathauses stammen aus dem Jahr 1490, der sich anschließende Magistratsbau von 1535. Detailreich, teilweise „derb-hintersinnig“ sind die Holzschnitzereien im Balkenwerk.

Links:
Zu einer fränkischen Brotzeit gehört auch das richtige fränkische Bauernbrot, am besten in einem alten Holzofen gebacken. Alte Backhäuschen, wie hier in Effeltrich, werden wieder öfter genutzt.

Die Klosterkirche der 1803 säkularisierten Zisterzienserabtei in Ebrach wurde ursprünglich im frühgotischen Stil des 13. Jahrhunderts errichtet, im 18. Jahrhundert im Inneren aber stark verändert. Ebrach war die erste Gründung des Zisterzienserordens in Deutschland.

Rechte Seite:
Kloster Banz gegenüber, auf der anderen Höhe des Maintals, liegt Vierzehnheiligen. Die Wallfahrtskirche gilt als vollendetster Bau Balthasar Neumanns, der im 18. Jahrhundert die zu klein gewordene Kapelle ersetzte. Einem Schäfer war 1445/46 das Jesuskind, umgeben von den 14 Nothelfern, mehrmals erschienen.

Kloster Banz liegt hoch über dem weiten Maintal und wurde um 1070 gegründet. Die heutigen Gebäude wurden aber erst nach einer Zerstörung im Dreißigjährigen Krieg im Barock von so bedeutenden Baumeistern wie den Brüdern Johann und Johann Leonhard Dientzenhofer sowie Balthasar Neumann errichtet. Seit 1978 gehört das Kloster der CSU-nahen Hans-Seidel-Stiftung.

30

Die mittelalterliche Altstadt Seßlachs im Coburger Land ist noch vollständig von einer Stadtmauer mit vielen markanten Türmen umgeben. Eine Besonderheit ist das kommunale Brauhaus, in dem die Seßlacher seit 1335 ihr eigenes Bier brauen.

Linke Seite:
Das Stadtbild von Kronach wird von der Festung Rosenberg beherrscht, deren älteste Teile aus dem 14. Jahrhundert stammen. Aus der alten oberfränkischen Flößerstadt stammt Lucas Cranach der Ältere.

Unterhalb der Veste Coburg liegt das Schloss Ehrenburg, das schon 1543 in Auftrag gegeben wurde, heute aber von einer Fassade im Stil der englischen Neugotik geprägt wird. Erst seit 1920 gehört Coburg zu Bayern, zuvor war es eigenständiges Herzogtum derer von Sachsen-Coburg und Gotha.

Kerwa und Kinderzeche – Fränkische Feste

Viele der fränkischen Feste haben ihren Ursprung im Glauben der Franken, so sind die vielen „Kerwas“, die in der ganzen Region stattfinden, Kirchweih-Feiern, wenn das inzwischen auch ein wenig in Vergessenheit geraten zu sein scheint. Die bekanntesten Kerwas sind die Erlanger Bergkirchweih über Pfingsten und die Bamberger Sandkerwa im August. Seit 1755 wird in Erlangen alljährlich am Donnerstag vor Pfingsten das Volksfest auf den schattigen Felsenkellern am Burgberg für zwölf Tage eröffnet. Sogar die Universität schließt dann für eine Woche. Auf der Sandkerwa verwandelt sich die Sandstraße Bambergs in eine Feiermeile mit zahlreichen Essens- und Bierständen unter freiem Himmel. Dazu findet das Fischerstechen auf der Regnitz vor den malerischen Häusern von Klein-Venedig statt, bei dem zwei „Fischer“ versuchen sich mit Stangen gegenseitig ins Wasser zu stoßen, stehend am Bug der Boote, die von je einem zweiten Mann gerudert werden.
Andere Volksfeste haben sich aus Märkten an bestimmten Heiligentagen entwickelt: Das Anna-Fest in Forchheim findet Ende Juli statt und zieht seinen besonderen Reiz, wie die Erlanger Bergkirchweih, aus den gemütlichen Bierkellern, die in diesen Tagen von jeder Menge Schaustellern umgeben sind. Bereits Anfang Juli wird in Würzburg der Stadtheilige Kilian mit dem Kiliani-Fest geehrt.
Ostern und Fronleichnam sind natürlich allerorten im katholischen Franken hohe kirchliche Feiertage. Da von Karfreitag bis Ostersonntag keine Kirchenglocken läuten, trifft man in den Dörfern noch Kinder, die mit „Ratschen“ (Holzklappern) das Mittags- und Abendläuten vertreten. Zu einer regelrechten Attraktion sind die fränkischen Osterbrunnen geworden, die meist in den oberfränkischen Dörfern mit Ostereiern, Zweigen und Blumen geschmückt werden. Prunkvolle Prozessionen werden zu Fronleichnam veranstaltet. Katholiken bezeugen an diesem Tag ihren Glauben, dass in der Gestalt des eucharistischen Brotes Jesus selbst gegenwärtig ist. Monstranzen, lebensgroße, reich geschmückte Marien- und Jesusdarstellungen werden bei den Prozessionen durch die Straßen getragen, die mit jungen Birkenbäumen, Fahnen und oft Blumenteppichen geschmückt sind.

Rothenburger Meistertrunk

Historische Ereignisse haben die Reichsstadttage in Rothenburg und die Kinderzeche in Dinkelsbühl zum Anlass. Am zweiten Septemberwochenende werden im romantischen Rothenburg historische Bilder aus der reichsstädtischen Vergangenheit nachgestellt, insbesondere die Legende vom „Meistertrunk“: Im Herbst 1631, während des Dreißigjährigen Krieges, wollte Feldherr Tilly die Stadt eigentlich zerstören, doch als ihm ein mehr als drei Liter fassender Willkommenstrunk gereicht wurde, kam er auf eine andere Idee: Er wollte Gnade walten lassen, falls jemand den Krug Wein in einem Zug leeren könne. Altbürgermeister Nusch bewies seine Trinkfestigkeit und rettete damit seine Stadt. Dieses legendäre Ereignis wird auch in der kunstvollen Uhr der Ratstrinkstube dargestellt.
Dinkelsbühl wurde im Dreißigjährigen Krieg von der „Kinderlore“ vor der Zerstörung bewahrt: Als die Schweden schon vor der Stadt lagerten, zog sie mit den Kindern der Stadt dem Obristen entgegen und bat um Gnade, die dieser gewährte. Mitte Juli wird dieses Ereignis mit vielen Begleitveranstaltungen nachgespielt.
Auch ein alljährliches Großereignis im Kulturkalender Deutschlands findet in Franken statt: Während der Bayreuther Wagner-Festspiele herrscht „Ausnahmezustand“ in der Stadt. Die Preise steigen, freie Zimmer sind keine zu haben, Prominenz übt den großen Auftritt vor dem Festspielhaus auf dem Hügel. Karten für die jedes Jahr aufs Neue heiß diskutierten Inszenierungen vom „Ring“ bekommt man nur nach jahrelanger Wartezeit. Doch gibt es durchaus noch andere hörenswerte Musikveranstaltungen in der Region. Zum Beispiel das Mozartfest oder die Bachtage in Würzburg sowie die Internationale Nürnberger Orgelwoche und die Konzerte der Bamberger Symphoniker.
Zum Jahresabschluss laden viele Weihnachtsmärkte zum Bummeln ein: Der berühmteste ist sicherlich der Nürnberger Christkindlesmarkt, der am letzten Freitag vor dem ersten Advent vom „Christkind“ persönlich vom Balkon der Frauenkirche eröffnet wird. Viel Atmosphäre haben die Weihnachtsmärkte von Rothenburg oder Dinkelsbühl und inzwischen hat fast jedes Dorf seinen eigenen.

Links:
Osterbrunnen in Mittelehrenbach: Der oberfränkische Brauch des Osterbrunnen-Schmückens ist inzwischen weithin bekannt geworden und lockt jedes Frühjahr zahlreiche Besucher an.

Oben:
Ein Höhepunkt des katholischen Kirchenjahres ist der Fronleichnamstag, an dem zahlreiche Prozessionen, wie hier in Bamberg, stattfinden.

Rechts oben:
Der historische Schäfertanz auf dem Marktplatz in Rothenburg ob der Tauber wird am Ostersonntag aufgeführt.

Rechts Mitte:
Eine ganze Festwoche erinnert in Dinkelsbühl an die Geschehnisse des Dreißigjährigen Krieges, als die Stadt durch ihre Kinder vor der Zerstörung gerettet wurde.

Rechts:
Weinfest vor malerischen Fachwerkhäusern: In Zeil am Main schmeckt der Frankenwein besonders gut.

Der Weiße Main entspringt auf dem Ochsenkopf, dem zweithöchsten Gipfel des Fichtelgebirges. Mit seinen schneesicheren 1023 Metern lädt er auch zum Wintersport ein.

Die preußische Königin Luise gab dem Felsenlabyrinth der Luisenburg am Nordhang der Kösseine, dem höchsten Punkt des Höhenzuges südlich von Wunsiedel, ihren Namen.

Zwei Kilometer wandert man durch bizarre Granitformationen. Ganz in der Nähe liegt die Naturbühne Luisenburg, auf der seit 1890 gespielt wird.

Der Fichtelsee wurde im Spätmittelalter als Stausee für den Bergbau angelegt und ist heute ein beliebter Waldbadesee auf 750 Metern Höhe im Fichtelgebirge.

1923 wurde die Egerquelle am Nordhang des Schneeberges in Stein gefasst. Allein vier Flüsse entspringen im Fichtelgebirge: Main, Saale, Naab und Eger.

Ganz links:
Wahrzeichen des oberfränkischen Hof ist das Rathaus mit seinem über dreißig Meter hohen Turm. Ursprünglich im Renaissance-Stil errichtet, wurde es nach einem Stadtbrand 1823 neugotisch verändert. Internationales Rampenlicht fällt alljährlich bei den Hofer Filmtagen auf die Stadt.

Links:
Bad Berneck mit seinen schönen Fachwerkbauten liegt im malerischen Tal der Ölschnitz und wird überragt von einem alten Schlossturm und den Ruinen zweier Burgen.

Barocke Pracht in den Kirchen lässt sich überall in Franken entdecken: Evangelische Pfarrkirche von Regnitzlosau, nahe Hof.

Unten:
Die beiden trutzigen Türme der Stadtkirche von Bayreuth stehen auf Fundamenten aus dem 13. Jahrhundert und sind durch eine Brücke verbunden. Ihre endgültige Form erhielten sie nach mehreren Bränden 1621.

Rechts:
Schaustehen auf dem „Hügel". Die Festspiele in Bayreuth wurden 1872 von Richard Wagner gegründet und dienen ausschließlich der Aufführung seiner eigenen Stücke. Noch heute sind die Karten heiß begehrt und viel Prominenz versammelt sich vor dem Festspielhaus.

Oben:
Der Markgräfin Wilhelmine verdankt Bayreuth eine Blütezeit, in der repräsentative Gebäude wie das Neue Schloss und das Markgräfliche Opernhaus entstanden. Von außen eher schlicht, entfaltet das Opernhaus im Inneren eine unglaubliche, barocke Pracht. Der uschauerraum ist ganz aus Holz gefertigt.

Rechts:
Ab 1874 wohnte Wagner in der Villa Wahnfried am Nordostrand des Hofgartens in Bayreuth. Hinter dem Haus sind der berühmte Komponist und seine Frau Cosima begraben.

HIER WO MEIN WÄHNEN
FRIEDEN FAND
WAHNFRIED

Unten:
Das Stadtbild von Kulmbach beherrscht die Plassenburg, die 1340 an die Hohenzollern kam und bis 1604 Sitz der Markgrafen war. Berühmt ist der sogenannte Schöne Hof, ein Arkadenhof im Stil der Renaissance, dessen drei Geschosse mit unzähligen Reliefs geschmückt sind.

Rechts oben:
Neben der Plassenburg ist das Bier ein Anziehungspunkt Kulmbachs, das am Zusammenfluss von Rotem und Weißem Main liegt. Im Bayerischen Brauereimuseum der Mönchshof-Brauerei kann man sich über Geschichte, Technik und Kultur des Gerstensaftes informieren.

Rechts Mitte:
Weit im Norden Frankens liegt Burg Lauenstein über dem Loquitztal im Frankenwald. Erstmals urkundlich erwähnt wurde sie 1222.

Rechts unten:
Nicht weit von Bayreuth liegt in Himmelkron ein ehemaliges, 1279 gegründetes Zisterzienserinnenkloster, das seit dem 17. Jahrhundert zu einem Schloss der Markgrafen von Bayreuth umgebaut worden ist. Eine Besonderheit des spätgotischen Kreuzgangs der Stiftskirche sind die Engel im Netzgewölbe, von denen jeder ein Musikinstrument spielt.

Rechts:
Im Osten des Frankenwaldes liegt das Bergstädtchen Lichtenberg auf einer Höhe von 564 Metern. Die Häuser der Region sind oft mit dem dortigen Schiefer gedeckt und teilweise auch verkleidet.

Unten:
Ein besonderes Erlebnis sind Floßfahrten auf der Wilden Rodach, hier bei Wallenfels. Die Flößerei spielte lange Zeit eine bedeutende Rolle im Frankenwald, der „grünen Krone Bayerns“.

Oben:
Wildromantisch sind Wanderungen in der Steinachklamm nahe Stadtsteinach, einem Erholungsort im südlichen Frankenwald.

Links:
Über das harte Leben in früheren Zeiten informiert das Oberfränkische Bauernhofmuseum in Kleinlosnitz. Zur Anlage gehören der für die Region typische vierseitige Dietlhof, der Obere Hof und das Büttnerhaus samt Bauerngarten.

Freie Reichsstädte und fränkisches Seenland – Mittelfranken

Inbegriff fränkischer Romantik ist die ehemalige Freie Reichsstadt Rothenburg ob der Tauber. Nach starken Zerstörungen im Zweiten Weltkrieg wurden viele Häuser und ein großer Teil der Stadtmauer originalgetreu wiederaufgebaut. Auch die Doppelbrücke vor der Stadt aus dem Jahre 1330 musste nach ihrer Sprengung neu errichtet werden.

Die legendäre fränkische Kleinteiligkeit wird auch in Mittelfranken sichtbar: Zahlreiche Burgen, Schlösser und Festungen erzählen die Geschichte der Obrigkeiten von einst. Höfischen Glanz des Rokoko haben die Markgrafen in Ansbach hinterlassen, das heute Regierungssitz des Bezirks ist. In den ehemaligen freien Reichsstädten Bad Windsheim, Dinkelsbühl, Nürnberg und dem romantischen Rothenburg ob der Tauber haben Bürger ihre stolzen Bauten errichtet. Besonders Rothenburg mit seinen engen Gassen, Kirchen, Stadttürmen und Stadtmauer stellt für viele Besucher das Ideal einer mittelalterlichen Stadt dar.

Nürnberg ist die zweitgrößte Stadt Bayerns und größte Frankens, hier hat der Traditionsverein 1. FC Nürnberg seine Heimat, kurz der „Glubb" (Club) genannt. Wahrzeichen ist die Kaiserburg, die auf ihren Sandsteinfelsen das historische Zentrum dominiert, das nach den Zerstörungen des Zweiten Weltkrieges wiederaufgebaut wurde und das Bild der alten Reichsstadt vermittelt. Außer Christkindlesmarkt, Lebkuchen und Bratwürsten laden gotische Kirchen, das Germanische Nationalmuseum oder das Spielzeugmuseum zu Entdeckungsreisen ein. Beinahe zusammengewachsen ist Nürnberg mit Fürth und Erlangen.

Erholung vom städtischen Ballungszentrum Mittelfrankens bietet die HersbruckerSchweiz, eine Mittelgebirgslandschaft, die die gleiche Entstehungsgeschichte wie die benachbarte Fränkische Schweiz hat. Entsprechend prägen romantische Flusstäler, steile Dolomitfelsen, Höhlen, Burgen und Ruinen die Landschaft. Im Süden hat man zwischen Ansbach und Weißenburg mit dem Neuen Fränkischen Seenland eine Freizeit- und Erholungslandschaft entstehen lassen. Der Altmühlsee, der Rothsee, der Igelsbachsee sowie der Kleine und Große Brombachsee wurden aus dem Wassersystem der Donau und Altmühl gestaut und bieten heute über 2000 Hektar Wasserfläche zum Baden und Segeln in einer landschaftlich reizvollen Region.

Oben:
Wahrzeichen Nürnbergs ist die mächtige Burg auf ihren roten Sandsteinfelsen. Ihre Bauten gliedern sich in drei Teile: die im 12. Jahrhundert begonnene Kaiserburg im Westen, die Burggrafenburg in der Mitte und die reichsstädtischen Bauten im Westen.

Rechts:
Ein Museum der besonderen Art ist das Germanische Nationalmuseum in Nürnberg. In über siebzig verwinkelten Sälen werden circa 20000 Exponate zur deutschen Kunst- und Kulturgeschichte ausgestellt. Insgesamt beherbergt das Museum etwa 1,3 Millionen Objekte von der Vor- und Frühgeschichte bis zur modernen Alltagskultur.

Oben:
Blick über die Altstadt Nürnbergs mit der Sebalduskirche zur Burg. Nach den beiden Hauptkirchen Sebaldus- und Lorenzkirche werden die zwei Teile der Nürnberger Altstadt als „Sebalder und Lorenzer Altstadt“ bezeichnet. Auf der Sebalder Seite lebten die vornehmeren Bürger in stattlichen Häusern, hier wurde das Rathaus errichtet.

Links:
Eines der schönsten Fachwerkhäuser Nürnbergs ist der Weinstadel an der Pegnitz, der Mitte des 15. Jahrhunderts zunächst als Siechenhaus errichtet wurde. Wein lagerte man ab 1528 dort. Der Wasserturm daneben war einst Teil einer früheren Stadtbefestigung.

Nürnberger Lebkuchen

Lebkuchen- und Glühweinduft weht zwischen den Buden des Nürnberger Christkindlesmarktes, der zu den größten und bekanntesten Deutschlands gehört.

Linke Seite:
Schöne Kulisse für den alljährlichen Nürnberger Christkindlesmarkt bietet der Hauptmarkt mit der Frauenkirche, der ältesten gotischen Hallenkirche Frankens. Jeden Mittag um 12 Uhr zeigt eine Kunstuhr von 1509 an der Fassade das sogenannte Männleinlaufen: Sieben Kurfürsten schreiten um Kaiser Karl IV. herum und erinnern an den Erlass der Goldenen Bulle.

Lebkuchen-Bäckerei im Nürnberger Handwerkerhof. Es gibt die aus Mehl, Zucker, Honig, Mandeln und einer Menge Gewürze wie Ingwer, Nelken und Zimt gebackenen Pfefferkuchen pur, mit einer Zuckerschicht oder mit Schokolade überzogen.

Oben:
Zentrum der Universitätsstadt Erlangen ist der Marktplatz mit der beherrschenden Fassade des markgräflichen Barockschlosses. Das Denkmal davor zeigt den Gründer der Friedrich-Alexander-Universität, Markgraf Friedrich, der Paulibrunnen im Vordergrund wurde 1886 errichtet.

Rechts:
Auf dem Erlanger Burgberg hatten die städtischen Brauereien ihre Lagerkeller und hier findet in den Biergärten auf den Kellern alljährlich um Pfingsten die bekannte Bergkirchweih statt.

Hinter dem Markgräflichen Schloss in Erlangen erstreckt sich der große Schlossgarten, der zu Beginn des 18. Jahrhunderts in französischem Stil angelegt und 1785 in einen englischen Landschaftsgarten umgewandelt wurde.

Seit 2004 schmückt der Gauklerbrunnen von Harro Frey den Marktplatz von Fürth, der Nachbarstadt Nürnbergs. Die Michaelskirche im Hintergrund ist der älteste Bau der Stadt und stammt im wesentlichen aus dem 15. Jahrhundert. Bedeutend war die jüdische Tradition Fürths, das auch „Fränkisches Jerusalem“ genannt wurde.

Die Ausstattung der Innenräume des Markgrafenschlosses von Ansbach wird als „bedeutendstes Rokokointerieur Frankens“ gepriesen und hat den Begriff „Ansbacher Rokoko“ geprägt. Alljährlich finden im Juli die „Rokokospiele“, hier im Hofgarten, statt.

Linke Seite:
Die Johanniskirche in Ansbach, eine spätgotische Hallenkirche, stammt aus dem 15. Jahrhundert. Die Stadt in einer von bewaldeten Höhen umgebenen Talweitung der Fränkischen Rezat ist Regierungssitz des Bezirks Mittelfranken.

Laue Sommerabende genießt man auch in Ansbach gerne in einem schattigen Biergarten, hier am Museumssteg.

Tatort Ansbach – Der Kriminalfall Kaspar Hauser

„Hic occultus occulto occisus est.“ – Hier wurde ein Unbekannter von einem Unbekannten ermordet. So steht es auf einem schwarzen Gedenkstein im Hofgarten des Ansbacher Schlosses zu lesen. Doch ganz unbekannt war der Ermordete nicht: Er hieß Kaspar Hauser und lebte seit 1831 in Ansbach bei einer Lehrerfamilie. Am 14. Dezember 1833 traf er seinen Mörder im Hofgarten, der ihm eine solche Stichwunde zufügte, dass er am 17. Dezember daran verstarb. Doch so geheimnisvoll wie sein Tod ist auch seine Herkunft.

Am Pfingstmontag, den 26. Mai 1828, war auf dem Unschlittplatz in Nürnberg ein merkwürdiger Junge von etwa 16 Jahren aufgetaucht, der nur ein paar Worte sprechen konnte, unter wenig anderem den berühmten Satz: „Ä sechtene Reutä möcht i wähn wie mei Vottä wähn is“ – ein solcher Reiter wolle er werden, wie sein Vater einer gewesen ist. Auf dem Polizeirevier schrieb er aber seinen Namen Kaspar Hauser auf ein Papier. Er trug einen Brief an den Rittmeister Wessenig bei sich, doch der wusste mit dem Findling nichts anzufangen. Zunächst wurde er im Gefängnisturm „Luginsland“ der Nürnberger Burg untergebracht und als Sensation den Bürgern zur Schau gestellt. Nach längeren Untersuchungen nahm man an, dass er mehrere Jahre völlig isoliert in Gefangenschaft gehalten worden sein musste, sodass er keine normale Entwicklung, sowohl sprachlich als auch körperlich (er konnte nur sehr unsicher laufen und hatte wohl Verformungen an Becken und Beinen) nehmen konnte. Zunächst kam er zu dem Gymnasiallehrer Georg Friedrich Daumer, der sich der Erziehung des sehr schnell lernenden Kaspar Hausers annahm. Doch schon im Oktober 1829 wurde ein Anschlag auf ihn verübt, sodass er mehrfach den Wohnort wechseln musste. Zu dieser Zeit tauchte der geheimnisvolle englische Lord Stanhope auf, der die Vormundschaft für den Findling übernahm. Dieser veranlasste auch, dass Kaspar Hauser nach Ansbach zu dem Lehrer Johann Georg Meyer zog. Sogar der Präsident des Appellationsgerichtes von Ansbach, Anselm von Feuerbach, beschäftigte sich mit dem Fall und verfasste die „Erbprinzentheorie“ – wenig später starb Feuerbach unter ungeklärten Umständen.

Das Rätsel der Herkunft

Diese Erbprinzentheorie Feuerbachs ist nur eine von vielen Spekulationen über die rätselhafte Herkunft Kaspar Hausers. Die Bandbreite der Theorien reichte von einem Betrüger, der sich in adelige Kreise einschleichen wollte, bis zu einer Vaterschaft Napoleons. Schließlich dominierte die These von dem vertauschten badischen Erbprinzen. Er soll der Sohn des Großherzogs Karl Ludwig Friedrichs und seiner Frau Stephanie von Beauharnais gewesen sein, denen ein toter Säugling untergeschoben worden ist, um so der Nebenlinie Hochberg den Weg zum Thron freizumachen. 1996 versuchte man das Rätsel durch eine Genanalyse zu lösen, indem man das Blut auf der Unterhose, die Kaspar Hauser am Mordtag getragen hatte, untersuchte. Die gefundene DNS wurde mit denjenigen gesicherter Nachfahren verglichen – doch es wurde keine Übereinstimmung festgestellt. Das Ende einer Legende? Eigentlich hätte man die Erbprinzentheorie ad acta legen und zu der Frage übergehen können, wer Kaspar Hauser denn dann gewesen sei. Doch 2002 wurde erneut eine Genanalyse durchgeführt: Im Gegensatz zum ersten Mal wurden sechs unterschiedliche Proben analysiert, darunter Haare und Gewebeteile. Alle sechs Proben ergaben einen identischen Gen-Abdruck und zwar höchstwahrscheinlich den Kaspar Hausers. Doch dieser stimmte nicht mit dem Gen-Muster von 1996 überein, woraus gefolgert wurde, dass das Blut beziehungsweise die gesamte Unterhose möglicherweise nicht von Kaspar Hauser stammt. Also doch ein badischer Prinz? Die Übereinstimmung der Gene ist groß, aber nicht lückenlos – also wieder keine vollkommene Lösung des Rätsels.

Das Phänomen Kaspar Hauser hat seit jeher die Menschen fasziniert: Kurt Tucholsky machte den Namen zu einem seiner Pseudonyme. Um die 2000 Bücher, unzählige Broschüren, Artikel und Gedichte gibt es über den Fall, wissenschaftliche Abhandlungen und fantasievolle Romane. Vier deutsche Filme beschäftigten sich mit dem Stoff, zuletzt 1993 ein Streifen von Peter Sehr mit dem Hauptdarsteller André Eisermann. In der Wissenschaft prägte die Psychologie den Begriff „Kaspar-Hauser-Komplex“ für Störungen in der Kontaktaufnahme und des emotionalen Erlebens.

Der Leichnam Kaspar Hausers wurde am 20. Dezember 1833 auf dem Stadtfriedhof von Ansbach begraben. Auf seinem Grabstein steht: „Hic jacet Casparus Hauser, aenigma sui temporis, ignota nativitas, occulta mors.“ – „Hier liegt Kaspar Hauser, ein Rätsel seiner Zeit, unbekannt seine Geburt, geheimnisvoll sein Tod.“ Und dies gilt bis heute.

***Oben:** Das Bronzedenkmal in der Platenstraße von Ansbach stellt zweimal Kaspar Hauser dar: Einmal so, wie er zum Zeitpunkt seines Auftauchens in Nürnberg ausgesehen haben könnte, und einmal so, wie er möglicherweise kurz vor seinem Tod gekleidet war.*

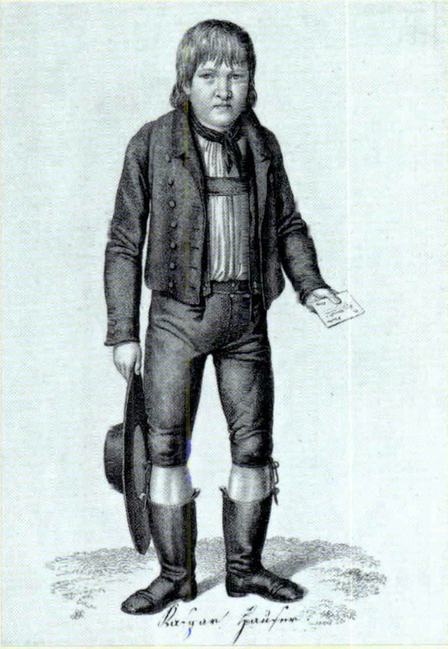

Rechts oben:
Lithografie Kaspar Hausers aus dem Jahre 1828. Das „Findelkind Europas“ erregte zu Lebzeiten und erst recht nach seiner geheimnisvollen Ermordung großes Interesse.

Rechts Mitte:
Im Hofgarten, an der Stelle des Attentats, weist ein achteckiger Gedenkstein mit lateinischer Inschrift auf die Tat hin.

Rechts:
Beerdigt wurde Kaspar Hauser am 20. Dezember 1833 auf dem Ansbacher Stadtfriedhof, wo noch heute sein Grabstein zu finden ist.

Rechts:
In der schönen Altstadt von Bad Windsheim ziert die Figur Karls IV. den Schönen Brunnen aus dem Jahre 1590, der auf dem Weinmarkt steht.

Unten:
Vor dem Fränkischen Freilandmuseum in Bad Windsheim. Auf das große Areal des Museums wurden alte Bauernhäuser und Hofensembles, sowie Mühlen und Gasthäuser versetzt, die mit zeitgenössischer Ausstattung und zahlreichen Veranstaltungen das fränkische dörfliche Leben zu früherer Zeit zeigen.

Oben:
Hoch über dem gleichnamigen Ort thront die Cadolzburg auf einem Bergsporn. In der ersten Hälfte des 15. Jahrhunderts residierten die Hohenzollern auf der Burg.

Links:
Eine malerische alte Steinbrücke führt in Höchstadt über die Aisch. Das Stadtschloss wurde um 1400 auf einer kleinen Anhöhe errichtet. Berühmt ist die Region für eine kulinarische Delikatesse: den Aischgründer Spiegelkarpfen.

Links:
Das Wenzelschloss in Lauf an der Pegnitz wurde im Auftrag Karls IV. von 1356 bis 1360 erbaut. Namensgeber war der Heilige Wenzel, dem auch die Burgkapelle gewidmet ist.

Links Mitte:
Heute ist das einstige ehrgeizige Verkehrsprojekt König Ludwigs I. ein verträumtes Landschaftsdenkmal. Der Ludwigskanal, hier bei Feucht, verband einst Bamberg mit Kelheim.

Links unten:
Blumenschmuck im Vorhof von Schloss Schwarzenberg in Scheinfeld. Die Burg wurde 1150 erstmals urkundlich erwähnt und nach einem Brand im Stil der Renaissance neu erbaut. Heute beherbergt sie eine Schule mit Internat.

Unten:
Kanalidylle: der Ludwigskanal bei Schwarzenbruck. 1846 befuhren die ersten Frachter den Wasserweg, bald machte jedoch die Eisenbahn diesen Transportweg unrentabel.

Blick in das malerische Altmühltal bei Eßlingen. Nur der obere Teil der in vielen Windungen verlaufenden Altmühl liegt in Franken.

Rechts:
Die Burg aus der ersten Hälfte des 13. Jahrhunderts überragt das Städtchen Abenberg, das bereits 1071 urkundlich erwähnt wurde. Hier findet sich auch das einzige Klöppelmuseum Deutschlands und eine Klöppelschule.

Ganz rechts:
Das Mühlreisig-Haus in Spalt erinnert daran, dass der Ort Zentrum des fränkischen Hopfenanbaus ist: Fünf Trockenböden für die Grundzutat des Bieres sind in dem Fachwerkhaus übereinandergebaut.

Oben:
Wahrzeichen der ehemaligen Freien Reichsstadt Weißenburg ist das Ellinger Tor aus dem 14. Jahrhundert. Die Stadtmauer mit 38 Türmen umschließt noch fast vollständig den Stadtkern.

Links:
Badefreuden am Kleinen Brombachsee: Mit dem Neuen Fränkischen Seenland zwischen Ansbach und Weißenburg ist eine vielseitige Erholungs- und Freizeitlandschaft entstanden.

Das Stadtschloss von Treuchtlingen war einst ein Wasserschloss, dessen Wassergraben in eine Parkanlage umgewandelt wurde. Die „Pforte zum Naturpark Altmühltal“ hat eine lange Geschichte: Hier wurden Siedlungsreste der Kelten sowie acht römische Gutshöfe gefunden.

Linke Seite:
Hoch über dem Ort Pappenheim, der idyllisch in einer Schleife der Altmühl liegt, thront die Burgruine des Grafengeschlechts der Pappenheimer, deren älteste Teile aus der zweiten Hälfte des 12. Jahrhunderts stammen.

Erkerzimmer des Stadtschlosses von Treuchtlingen. Heute befindet sich im 1575 erbauten Schloss unter anderem ein Hotel und das „Haus des Gastes“.

Links:
Der Marktplatz oder Königsplatz von Schwabach mit dem Schönen Brunnen und dem Rathaus. Lange Handwerkstradition haben in der alten Markgrafenstadt die Goldschlägerei zur Herstellung von Blattgold und die Näh- und Maschinennadelherstellung.

Unten:
Hauptsächlich bekannt ist Herzogenaurach durch die zwei hier beheimateten Sportartikelhersteller Adidas und Puma. Doch auch die Altstadt lockt mit altfränkischem Flair und ihren beiden Wahrzeichen aus dem 14. Jahrhundert, dem Fehnturm (hier) und dem Türmersturm, der die Hauptstraße auf der anderen Seite begrenzt.

Links:
Fachwerkhäuser und stattliche Bürgerhäuser säumen den Marktplatz von Feuchtwangen mit seinem Röhrenbrunnen aus dem Jahre 1727. Entstanden ist die Stadt aus einem Benediktinerkloster, 1285 erlangte sie die Reichsunmittelbarkeit und fiel 1376 durch Verpfändung an die Markgrafschaft Ansbach.

Oben:
Blumenidylle in Lauf an der Pegnitz. Die starke Strömung des Flusses förderte schon früh die Ansiedlung von Mühlen an seinem Ufer. Zu ihrem Schutz wurde im 12. Jahrhundert eine Burg auf der Pegnitzinsel errichtet. 1355 erhielt der Ort Stadtrechte.

Unten:
Der sogenannte Plönlein vor dem Siebersturm in Rothenburg ob der Tauber. Der Name der malerischen Straßengabelung soll vom lateinischen „planum“, ebener Platz, kommen.

Rechts oben:
Hoch über dem Taubertal befindet sich in Rothenburg der Burggarten, den man durch das älteste Turmtor der Stadtmauer, das Burgtor, betritt. Er befindet sich an der Stelle der 1356 durch ein Erdbeben zerstörten Hohenstaufenburg.

Rechts Mitte:
Die Herrngasse in Rothenburg, die vom Rathausplatz zum Burgturm führt. Für viele Besucher entspricht die alte fränkische Reichsstadt einer idealen

mittelalterlichen Stadt, wenigen ist bewusst, dass ein Großteil nach schweren Zerstörungen im Zweiten Weltkrieg erst wiederaufgebaut wurde.

Rechts unten:
Rothenburg spielt Geschichte: An Pfingsten wird die Legende des Meistertrunks aus dem Dreißigjährigen Krieg nachgespielt, im September werden an den Reichsstadtfesttagen überall historische Szenen gegeben.

Rechts:
Das Nördlinger Tor der Stadtbefestigung von Dinkelsbühl. Insgesamt vier Tore und zahlreiche Türme schmücken den im 13. bis zum 15. Jahrhundert entstandenen Mauerring, der die Unabhängigkeit der Freien Reichsstadt sichern sollte.

Unten:
Eine gewaltige Raumwirkung entfaltet das dreischiffige Langhaus der Stadtpfarrkirche St. Georg in Dinkelsbühl, die als eine der schönsten Hallenkirchen Deutschlands gilt. Das spätgotische Gotteshaus wurde 1448 bis 1499 erbaut, die unteren Turmgeschosse stammen noch aus spätromanischer Zeit.

Unten:
Steinmetzkunst an der St. Georgskirche in Dinkelsbühl. Mehr als die Hälfte aller Häuser in der alten Reichsstadt an der Wörnitz stammen aus der Zeit vor 1600.

Rechts:
Die Kinderlore führt in Dinkelsbühl jedes Jahr aufs Neue die Kinder dem schwedischen Feldherrn entgegen, um um Gnade für die Stadt zu bitten. Die Begebenheit aus dem Dreißigjährigen Krieg wird im Juli nachgespielt.

Liebliches Flusstal, dunkle Wälder und raue Höhen – Unterfranken

Von der Festung Marienberg bietet sich ein einzigartiger Blick auf die Altstadt von Würzburg, aus deren Dächermeer zahlreiche Kirchtürme emporstreben. Die Alte Mainbrücke verbindet den Festungsberg in einer direkten Achse mit dem Dom.

In Unterfranken macht der größte und bedeutendste Fluss Frankens, der Main, seine größten Umwege: Bei Schweinfurt, der größten Industriestadt, biegt er in das Maindreieck ab. Hier beginnt das sogenannte Fränkische Weinland: Unterhalb der Rebhänge liegen malerische Orte wie Volkach, Sulzfeld und Sommerach. Im Sommerhalbjahr findet man garantiert jedes Wochenende einen Ort, in dem eines der zahllosen Weinfeste stattfindet. Bedeutendste Stadt war und ist die alte Bischofsstadt Würzburg, die mit ihrer Residenz und der Festung Marienberg noch immer Zeugnis ihrer glanzvollen Geschichte gibt und heute Regierungsstadt des Bezirks ist.
Bei Gemünden ändert der Main wieder seine Richtung und umfließt in einem Viereck die dunklen Wälder des Spessarts, eines der größten zusammenhängenden Waldgebiete Deutschlands. Die Mainzer Bischöfe nutzten den Spessart als Jagdgebiet, deshalb ist die Gegend nur spärlich besiedelt, Städte und Dörfer liegen am Rand, vor allem entlang des Mains, wo ebenfalls Wein angebaut wird. Lohr, Wertheim (das eigentlich schon nicht mehr zu Franken gehört) und Miltenberg locken mit ihren historischen Altstädten, Klingenberg ist für seinen Spätburgunder bekannt. In Aschaffenburg steh mit dem Schloss Johannisburg einer der schönsten Profanbauten der Spätrenaissance; das Pompejanum, der Nachbau einer Villa aus Pompeji, war ein Geschenk von Ludwig I. an sein „bayerisches Nizza".
Natur pur findet man in der gebirgigen Landschaft der Rhön mit ihren Hochmooren und artenreichen Wiesen, 1991 wurde das zentrale Gebiet von der UNESCO zum Biosphärenreservat erklärt. Die höchste Erhebung der fränkischen Rhön ist der Kreuzberg, der „heilige Berg" der Franken. Der heilige Kilian soll hier bereits 686 ein Kreuz errichtet haben, woraus sich im Mittelalter ein Wallfahrtsziel entwickelt hat, zu dessen Anziehungskraft seit 1731 das Klosterbier der Franziskaner beiträgt.

Frühling im Hofgarten der Würzburger Residenz. Magnolien und Zierkirschenbäume blühen in dem symmetrisch gestalteten Rokokoteil, der dann in einen englischen Landschaftsgarten übergeht.

Rechte Seite:
Im Hofgarten wurde die Natur zum Kunstwerk: Vor dem Gartensaal und darüber dem Kaisersaal der Residenz steigen die Flächen terrassenförmig bis zur Höhe der Bastion an. Große, rund angelegte Beete gliedern den von Hofgärtner Johann Prokop Mayer 1770 bis 1779 angelegten Teil.

Besonders reich ist die Fassade des Ehrenhofes der Residenz geschmückt: Über drei Portalen folgt ein schmaler Balkon mit den großen Fenstern zum Weißen Saal und darüber ein vielteiliger Sandsteingiebel mit dem Wappen von Friedrich Carl von Schönborn, dem zweiten Bauherren des von Johann Philipp Franz von Schönborn begonnenen Baus. Der Franconia-Brunnen mit den Figuren von Walther von der Vogelweide, Tilman Riemenschneider und Matthias Grünewald vor dem Ehrenhof stammt aus dem Jahre 1894.

Die zwölf Statuen der Alten Mainbrücke von Würzburg stammen aus dem 18. Jahrhundert. Die über vier Meter hohen Skulpturen wurden für die Nordseite von Claude Curé und für die Südseite von den Brüdern Johann Sebastian und Volkmar Becker geschaffen. Im Hintergrund links, das alte Rathaus und rechts, der Dom.

Rechte Seite:
Vor dem Hintergrund der Rebhänge des Würzburger Steins ankern heute Ausflugsschiffe, wo zu früheren Zeiten Güter umgeschlagen wurden. Der Alte Kranen am Mainkai, der 1772 von Franz Ignaz Michael Neumann, einem Sohn Balthasar Neumanns, errichtet wurde, erinnert an den regen Handel am Fluss.

Ein farbenfroher Umzug mit über 60 Trachtengruppen eröffnet in Würzburg jedes Jahr das große Volksfest zu Ehren des Stadtpatrons Kiliani. Hier passiert der Zug gerade das Rennweger Tor bei der Residenz.

Kerzen Jakob

Sektkellerei
POPP's Weinlaube

Über Würzburg erhebt sich mächtig die Festung Marienberg. An der Stelle einer keltischen Fliehburg entstand zunächst eine Marienkapelle, ab 1201 wurde mit dem Bau einer Festung begonnen. Bis 1719 war hier der Sitz der Fürstbischöfe, die sich dann die Residenz in der Stadt erbauen ließen.

Linke Seite:
Gegenüber der Festung Marienberg liegt in Würzburg die Wallfahrtskirche „Käppele" (eigentlich St. Maria) auf dem Nikolausberg am linken Ufer des Mains. Das letzte Bauwerk Balthasar Neumanns von 1747 bis 1750 erreicht man über einen steilen Stationenweg mit Figurengruppen von Peter Wagner.

Von der Alten Mainbrücke aus gelangt man durch das Neutor (aus den Jahren nach 1652) in das Innere der Befestigungen der Burg Marienberg.

Von Veit Stoss bis Balthasar Neumann – Kleine Kunstgeschichte Frankens

Franken mit seinen zahllosen Kirchen, Burgen und Schlössern ist eine der wichtigsten deutschen Kulturlandschaften. Die Bamberger Altstadt und die Würzburger Residenz gehören zum UNESCO-Weltkulturerbe der Menschheit. Seit dem frühen Mittelalter hat die Region Künstler von weither angezogen, beziehungsweise selbst große Namen der Kunstgeschichte hervorgebracht.

Als ein Meisterwerk der Spätromanik und beginnenden Gotik gilt der Kaiserdom von Bamberg, besonders sein Skulpturenprogramm weist eine für die Zeit ungewöhnliche Realistik auf. Der „Bamberger Reiter" gilt als die älteste lebensgroße Reiterdarstellung des Mittelalters und gibt bis heute Rätsel über die dargestellte Person sowie den Künstler auf. Stammten die Steinmetze des Bamberger Doms noch aus dem nordfranzösischen Reims, werden in der Spätgotik drei fränkische Namen bestimmend: Veit Stoß (1447/48–1533) hatte sich als Bildschnitzer und -hauer, Kupferstecher und Fassmaler in Nürnberg niedergelassen und schuf dort zum Beispiel den „Englischen" Gruß in der St. Lorenz-Kirche. Ebenfalls aus Nürnberg stammte der Bildhauer Adam Kraft (um 1460–1508/09), von dem das Sakramentshaus in der St. Lorenz-Kirche stammt. Für Würzburg und Umgebung war die Werkstatt Tilman Riemenschneiders (um 1460–1531) zuständig, der unter anderem die Figuren von Adam und Eva des Südportals der Marienkapelle in Würzburg und die „Maria im Rosenkranz" in der Wallfahrtskirche Maria im Weingarten bei Volkach fertigte.

Einer der bedeutendsten Maler des 15./16. Jahrhunderts war Lucas Cranach d. Ä. (1472–1553) aus Kronach. Er war mit Luther befreundet, den er mehrfach portraitierte und für dessen Bibelübersetzung er Illustrationen zur Apokalypse fertigte. Aus Nürnberg stammte Albrecht Dürer (1471–1528), der nach zwei Italienreisen mit den Maltraditionen der Gotik brach und das Zeitalter der Renaissance einleitete. Im Mai 1494 nach Nürnberg zurückgekehrt, hielt Dürer unter anderem seine fränkische Umgebung in Bildern fest – als erster Künstler machte er die Landschaft selbst zu einem Thema.

Nach dem Dreißigjährigen Krieg entfaltete sich eine immense Bautätigkeit, die insbesondere mit dem Namen Schönborn als Auftraggeber verbunden ist. Sie verpflichteten als Baumeister unter anderem Mitglieder der Familie Dientzenhofer und Balthasar Neumann. Die Familie Dientzenhofer stammte ursprünglich aus Oberbayern. In Franken bauten hauptsächlich zwei von vier Brüdern: Johann Leonhard (1660–1707) St. Martin und die Neue Residenz in Bamberg, Kloster Ebrach und Kloster Banz; Johann (1663–1726) war für das Schloss Weißenstein in Pommersfelden und die Fassade des Neumünsters in Würzburg zuständig.

Stararchitekt Balthasar Neumann

Als Glockengießergeselle war Balthasar Neumann 1711 nach Würzburg gekommen. Der Architekt Andreas Müller förderte Neumann und 1719 erhielt er von Johann Philipp Franz von Schönborn den Auftrag zum Bau der Würzburger Residenz. Das Treppenhaus gilt als Höhepunkt gelöster Raumgestaltung, die Neumann dann auch in seinen Sakralbauten verfolgte. Fortan wurde er zum begehrtesten Baumeister seiner Zeit und hinterließ zahlreiche Beweise seines Könnens nicht nur in Franken. Die Wallfahrtskirche in Vierzehnheiligen zeigt in Vollendung die Verschmelzung der Raumteile in einer Folge verschieden großer Ovale – der Innenraum scheint losgelöst von den geraden Außenmauern zu schwingen. Die Wallfahrtskirchen in Gößweinstein, Maria Limbach bei Eltmann, das Käppele in Würzburg und viele kleinere Kirchen wie die Pfarrkirche in Gaibach und die Heiligkreuzkapelle in Kitzingen gehören zu seinen Bauten.

Das bauintensive Zeitalter des Barock lockte auch viele andere Künstler nach Franken: Antonio Petrini aus Trient errichtete das Stift Haug in Würzburg und die Kitzinger Stadtkirche, Giovanni Battista Tiepolo malte das riesige Deckenfresko im Treppenhaus der Würzburger Residenz, die Stuckateure Antonio Bossi und Pietro Magno stammten ebenfalls aus Italien.

Als Franken seine Eigenständigkeit und somit seine fürstlichen und vermögenden Auftraggeber verlor, ließ das Kunstschaffen im Bereich der Architektur nach. Im 19. Jahrhundert trat jedoch das Bürgertum als neuer Bauherr auf den Plan. Das bedeutendste Gebäude des Historismus ist das Richard-WagnerFestspielhaus von Otto Brückwald in Bayreuth. Richard Wagner wirkte selbst an der Planung mit und zur selben Zeit wurde sein Wohnhaus von Carl Wölfel im Stil der Neurenaissance erbaut.

Links:
Federlithografie von Friedrich Ludwig Zacharias Werner und Ernst Theodor Amadeus Hoffmann. E.T.A. Hoffmann kam 1808 als Kapellmeister an das Bamberger Theater, blieb aber nur einige Jahre.

Oben:
Im Gegensatz zu seinen Zeitgenossen beließ Tilman Riemenschneider seine Schnitzwerke ohne Fassung. Den Rothenburger Heilig-Blut-Altar mit der

Darstellung des Abendmahls schuf er um 1500. Erstaunlicherweise steht nicht Christus, sondern Judas im Mittelpunkt der Szene.

Rechts oben:
Skulptur des Tilman Riemenschneider an dem Franconia-Brunnen vor der Residenz. Der Meister der Spätgotik war 1520/21 auch Bürgermeister der Stadt Würzburg.

Rechts Mitte:
Die „Drahtziehermühle an der Pegnitz" entstand wahrscheinlich 1494. Als erster deutscher Maler beschäftigte sich Albrecht Dürer aus Nürnberg mit Landschaftsmotiven seiner näheren Umgebung.

Rechts:
Die „Eva" von Lucas Cranach d. Ä. aus dem Jahre 1528 hängt heute in den Uffizien in Florenz. Der Maler wurde in Kronach geboren und arbeitete später am sächsischen Hof in Wittenberg.

Weinlese in Unterfranken: Der Weinbau in Franken blickt auf eine lange Tradition zurück. Bereits im 8. Jahrhundert wurden an den Hängen des Mains Reben gepflanzt. Und noch heute sind die meisten Weinanbauflächen auf dem Muschelkalk des Maindreiecks und -vierecks zu finden. An der Spitze des Maindreiecks liegen die Anbauflächen der beiden idyllischen Weinorte Sommerhausen – hier das Weingut Steinmann – (links oben und unten) und Frickenhausen (rechts unten und rechte Seite). Auf Keuper hingegen wachsen die Trauben bei Iphofen auf den Hängen des Steigerwaldes (oben rechts). Aufgrund der steilen Hänge wird in Franken zumeist noch von Hand gelesen und nach der anstrengenden Arbeit schmeckt die Brotzeit ganz besonders gut.

Unten:
Die Stadtmauer von Dettelbach wurde wohl Ende des 15. Jahrhunderts errichtet, als dem Winzerstädtchen am Main vom Würzburger Fürstbischof das Stadt- und Marktrecht verliehen wurde. Bekannt ist die ein Stückchen außerhalb liegende Wallfahrtskirche Maria im Sand, ein eindrucksvolles Baudenkmal der fränkischen Gegenreformation.

Unten:
Die „Malerwinkel" genannte Ansicht in Marktbreit, der südlichsten Stadt im Maindreieck. In dem schmalen Fachwerkhaus ist das Malerwinkelmuseum mit Fundstücken des Römerlagers vom Kapellenberg und wechselnden Ausstellungen untergebracht.

Rechts:
Vieltürmig präsentiert sich die Silhouette der Weinhandelsstadt Kitzingen: Links im Vordergrund die beiden Türme der ehemaligen jüdischen Synagoge, rechts daneben der Turm des ansonsten zerstörten Deusterschlosses, dann folgt der Marktturm, die hoch aufragende Fassade der evangelischen Stadtkirche, erbaut von Antonio Petrini, der Turm der katholischen Kirche St. Johannis und schließlich der Turm der Stadtkirche.

Rechts:
Das Winzerstädtchen Iphofen am westlichen Rand des Steigerwaldes besitzt noch seine spätmittelalterliche Befestigung. Von deren Türmen und Toren ist das Rödelseer Tor mit seinem rot-weißen Fachwerk wohl das romantischste. Der Ort ist außerdem Sitz des größten westeuropäischen Gipsproduzenten, der Firma Knauf.

Fränkische Gastlichkeit wird oft durch kunstvolle schmiedeeiserne Wirtshausschilder angezeigt, wie hier in der Hauptstraße des Weinortes Sommerhausen. Links im Hintergrund erhebt sich der steile Stufengiebel des Schlosses.

Rechte Seite:
Blick von der Talkante des Mains auf Sommerhausen und das gegenüberliegende Winterhausen. Zahlreiche Boutiquen und Ateliers manifestieren den Ruf Sommerhausens als Künstlerdorf, in dem jedoch auch der Wein eine große Rolle spielt. Der Turm der evangelischen Bartholomäuskirche stammt noch aus dem 13. Jahrhundert.

Das Maintor in Sommerhausen. Berühmtestes Tor ist aber das Würzburger Tor, in dem ab 1950 das kleinste Theater Deutschlands Platz fand. 1950 war es von Luigi Malipiero gegründet worden, seit 1975 wird es von Veit Relin weitergeführt.

Weinfest in Sulzfeld: Anfang August verwandeln sich Marktplatz und Gassen in dem kleinen, romantischen Winzerort am Main in eine einzige Feiermeile. Besonders malerisch ist die fast vollständig erhaltene, von Türmen durchsetzte Ringmauer und die hohe Renaissance-Fassade des Rathauses von 1609 mit seinen Obelisken und Voluten (ganz rechts).

Oben:
Stimmungsvoll genießt man seinen Schoppen fränkischen Wein in der Gaststätte „Beim Batzenärrle“ in Karlstadt.

Links:
Auch im Michels Keller von Sulzfeld, einem alten fränkischen Weinkeller aus der Zeit um 1300, der seit 1973 als Gaststätte umgebaut ist, schmeckt der heimische Wein.

Oben: *Blick auf Castell, Stammsitz der Fürsten zu Castell. Auf dem Schlossberg steht noch die Ruine der 1746 abgebrochenen Stammburg, das barocke Schloss steht im Ort, der von der Schlosskirche überragt wird.*

Rechts: *Frühklassizistische Stuckierung bestimmt den Innenraum der evangelischen Schlosskirche zu Castell. Eine Besonderheit ist der „Kanzelaltar" von 1788, ein Altar, in dem die Predigtkanzel integriert ist.*

Ganz links:
Vor dem spätbarocken Rathaus von Eibelstadt am Main steht eine für die Region typische Mariensäule. Auffällig ist der Doppelturm der größtenteils spätgotischen Stadtpfarrkirche St. Nikolaus.

Links:
Schönstes fränkisches Fachwerk ziert die Häuser der Hauptstraße von Ochsenfurt. Das Städtchen mit seiner malerischen Bebauung samt Befestigungsmauer wurde in der zweiten Hälfte des 12. Jahrhunderts von den Würzburger Fürstbischöfen gegründet.

Blühende Gärten säumen die Stadtmauer von Mainbernheim, die aus dem frühen 15. Jahrhundert stammt. Der Ort besaß bereits seit dem Jahr 1328 Stadtrechte.

Rechts:
Schweinfurt ist heute in erster Linie eine moderne Industriestadt, nur wenige historische Gebäude sind im Zweiten Weltkrieg nicht zerstört worden. Ein großer Glanzpunkt ist jedoch das im Jahr 2000 eröffnete Museum Georg Schäfer, das eine der umfangreichsten Privatsammlungen deutscher Malerei zeigt.

Unten:
Fränkische Fachwerkidylle in Arnstein, das etwa acht Kilometer westlich von Werneck liegt. Bekannt ist die dortige gotische Wallfahrtskirche Maria Sondheim, mit einigen Grabsteinen für die Familie Hutten.

Oben:
Eine besondere Art den Main zu überqueren, bieten die Fähren, die noch vereinzelt Brücken ersetzen – hier bei Obereisenheim.

Links:
Idyllische Flusslandschaft zeigt der Altmain mit seinen ausgeprägten Windungen bei Volkach und Sommerach. Neben dem Flusslauf kann man in Baggerseen oft gut baden.

CASTELL
BANK
MARIEN-APOTHEKE
Orthopädie-Fachgeschäft
SALAMANDER
SCHWIND

Erst im 19. Jahrhundert wurde bei Marktheidenfeld eine Brücke über den Main gebaut, was die Bedeutung der Stadt erheblich steigerte. Der Ort verbindet den Spessart mit dem Fränkischen Weinland.

Linke Seite:
Eine weitere fränkische Vorzeigestadt mit viel Fachwerk ist Lohr am Main. Das „Tor zum Spessart" war seit dem 18. Jahrhundert bekannt für seine Glasmanufaktur, insbesondere die Lohrer Spiegel.

An der Mündung der Sinn und der Fränkischen Saale in den Main liegt Gemünden, das von der Ruine Scherenburg aus dem 13. und 14. Jahrhundert überragt wird.

Linke Seite:
Fränkische Schlossromantik: Das Wasserschloss von Mespelbrunn erhielt sein heutiges Aussehen im Wesentlichen im 16. Jahrhundert und bei einer Renovierung im Stil der Romantik im Jahre 1904. Hier war bis 1665 der Stammsitz der Dynastie Echter, auch der Würzburger Fürstbischof Julius Echter stammt von hier.

Links:
Von schönen Fachwerkbauten gesäumt ist der Marktplatz von Amorbach mit seiner Mariensäule aus rotem Sandstein. Der Ort wird überragt von den Türmen der Gangolfskirche. Hauptsehenswürdigkeit ist aber die barocke ehemalige Abteikirche, die vom Mainzer Hofbaumeister Maximilian von Welsch erbaut wurde.

Oben:
Blick von der gegenüberliegenden Mainseite auf das Schloss Johannisburg in Aschaffenburg. Der quadratische rote Sandsteinbau mit vier Ecktürmen gilt als einer der schönsten deutschen Profanbauten der Spätrenaissance. Er wurde 1605 bis 1614 errichtet.

Rechts:
Das frühklassizistische Schloss Schönbusch liegt inmitten seiner Grünanlagen auf dem linken Mainufer von Aschaffenburg. Der Park, der aus einem barocken Tiergarten der Mainzer Kurfürsten hervorging, ist die erste süddeutsche Gartenanlage in englischem Stil.

Oben:
Zwischen Odenwald und Spessart am südlichsten Punkt des Mainvierecks liegt Miltenberg, das von der Mildenburg überragt wird. Die Stadtpfarrkirche St. Jakobus mit ihren Türmen aus dem 19. Jahrhundert grenzt direkt an die Mainuferstraße.

Links:
Blick von Kreuzwertheim auf Wertheim, das, genau genommen, schon nicht mehr zu Franken gehört. Zwischen Main und Tauber gelegen, vervollständigen das romantische Stadtbild die Ruinen der gleichnamigen, mittelalterlichen Burg, die im Dreißigjährigen Krieg zerstört wurde.

HERZLICH WILLKOMMEN
LEVUE

Seite 122/123:
Das heutige Hotel „Bellevue" im historischen Kurpark war das erste Gebäude, das König Ludwig I. in Bad Brückenau errichten ließ. Die Pläne für den Bau aus dem Jahre 1819 lieferte Baurat Bernhard Morelli.

Unten:
Bad Kissinger Perspektiven: Im Vordergrund der Rosengarten, dahinter der Regentenbau. Das prachtvolle Konzert- und Festsäle sowie Lese- und Spielzimmer beherbergende Gebäude wurde im Jahre 1913 errichtet.

Rechts oben:
Im Brunnenhaus von Bad Kissingen sprudeln die Rakoczy- und Pandur-Quelle, entworfen wurde das Gebäude von Max Littmann. Besonders im 19. Jahrhundert war das Kurbad in der Rhön beim europäischen Hochadel sehr beliebt.

Rechts Mitte:
Entspannt flanieren lässt es sich nach den Anwendungen auf den schönen Spazierwegen des Luitpoldparks in Bad Kissingen.

Rechts unten:
Von Balthasar Neumann gefasst wurde 1742 die Heilquelle von Bad Bocklet. Die Kuranlagen entstanden im Laufe des 18. Jahrhunderts im Auftrag der Würzburger Fürstbischöfe.

Zwar ist noch immer nicht zweifelsfrei geklärt, weshalb die berühmte Quelle in Bad Kissingen den Namen des nicht minder bekannten ungarischen Fürsten trägt, doch der Anlass für das Rakoczy-Fest ist nicht deren Benennung, sondern ihre Wiederentdeckung im Jahre 1737. Wegen dieser Heilquelle kamen unter anderen Kaiserin Auguste Victoria, das österreichische Kaiserpaar, Zar Alexander II. von Russland, der Reichskanzler Bismarck, die Dichter Josef Victor von Scheffel, Theodor Fontane und der Komponist Gioacchino Rossini nach Bad Kissingen.

Oben:
Schöne Fachwerkhäuser säumen den Salzmarkt in Königsberg in Bayern. Berühmtester Sohn der Stadt ist Regiomontanus (1436–1476), Astronom und Mathematiker, der in Nürnberg die erste Sternwarte gründete.

Rechts:
Geranien schmücken einen Hauseingang in Königsberg. Das malerische Städtchen in den Haßbergen ist aus einem karolingischen Königshof entstanden.

Links:
Klein, aber fein: Nordheim vor der Rhön. Die schönen alten Fachwerkhäuser spiegeln sich im klaren Wasser der Streu. Im Hintergrund ist der Turm der Wehrkirche zu sehen

Unten:
Auf Holzstegen durch ein einzigartiges Biotop mit seltenen Pflanzen und Tieren: Das Schwarze Moor ist das größte Moor der Rhön und eines der wenigen in Europa, die nicht durch Torfabbau beeinflusst wurden.

Rechts:
Auch wenn durch großflächige Rodungen in der Vergangenheit das „Land der offenen Fernen“ entstand, findet man im Gebiet der bayerischen Rhön noch verwunschene Wälder.

Unten:
Das Tal der Fränkischen Saale lädt nicht nur zum Wandern und Radfahren ein. Auch die Fortbewegung auf dem gemächlich dahinfließenden Fluss hat ihre Reize und eröffnet überraschende Perspektiven.

Oben:
Der Rotsee liegt nahe Bischofsheim an der Hochrhönstraße. Das von hohen Bäumen umgebene romantische Gewässer ist vor allem bei Anglern beliebt.

Links:
Der Oberelsbacher Graben entspringt auf der Langen Rhön und stürzt beim Ort Oberelsbach in den idyllischen von Basaltfelsen umringten Nixenteich.

Heute umfasst das Skigebiet Kreuzberg vier Lifte, mehr als zehn Pisten, eine Sprungschanze und zwei Rodelbahnen. Darüber hinaus ist es in ein ausgedehntes Loipennetz eingebunden.

Oben:
Hundeschlittenvergnügen in den winterlichen Schwarzen Bergen der Rhön. Die bis zu 839 Meter ansteigenden Höhen südlich von Wildflecken sind relativ schneesicher.

Links:
Mit dem Slogan „Ein kühles Bier, eine deftige Brotzeit, Ruhe und Behaglichkeit – mitten in der Natur“ wirbt die im Skigebiet Kreuzberg gelegene Gemündener Hütte.

Register

Gießen
HESSEN
Frankfurt
Hanau
Main
Offenbach
Alzenau
Mömbris
Hösbach
Laufach
Goldbach
Aschaffenburg
Park Schönbusch
Großostheim
Sulzbach
Darmstadt
Obernburg
Elsenfeld
Erlenbach
Klingen-
berg
Großheubach
Miltenberg
Amorbach
Heidelberg
Neckar
Heilbronn
Stuttgart

Saalfeld
Suhl
THÜRINGEN
Greiz
SACHSEN
Plauen
Fränkisches Freilichtmuseum
Fladungen
Ruine Lichtenburg
Mellrichstadt
Rhön
Burg Lauenstein
Ludwigsstadt
Bischofsheim
Teuschnitz
Sonneberg
Bad Steben
Saale
Kloster Kreuzberg
Bad Neustadt a.d. Saale
Findelberg
Naila
Selbitz
Hof
Riedenberg
Bad Rodach b. Coburg
Neustadt b. Coburg
Frankenwald
Grabfeld
Bad Königshofen
Rödental
Schwarzenbach a. Wald
Helmbrechts
Rehau
Bad Bocklet
Schloss Callenberg
Coburg
Schloss Aschach
Münnerstadt
Mitwitz
Kronach
Münchberg
Schwarzenbach a. d. Saale
Selb
Bad Kissingen
Haßberge
Marolds-weisach
Itz
Rodach
Stadtsteinach
Bauernhof-museum
TSCHECHIEN
Fränk. Saale
Lichtenfels
Schloss Bettenburg
Kloster Banz
Burgkunstadt
Marktleuthen
Hammelburg
Unterfranken
Hofheim
Vierzehnheiligen
Gefrees
Bad Staffelstein
Keltische Siedlung
Mainleus
Kulmbach
Fichtelgebirge
Cheb
Ebern
Poppenhausen
Bad Berneck
Bischofsgrün
Arzberg
Scherenburg
Schweinfurt
Ebensfeld
Oberfranken
Wunsiedel
Gemünden
Haßfurt
Thurnau
Roter Main
Marktredwitz
Main
Zeil am Main
Burg Zwernitz
Besucherbergwerk
Felsenlabyrinth Luisenburg
Arnstein
Werneck
Gochsheim
Kloster Mariaburghausen
Scheßlitz
Eremitage
Bayreuth
Eltmann
Karlstadt
Wallfahrtsk. Marien-Limbach
Schloss Giech
Hollfeld
Weidenberg
Schloss Fantasie
Gerolzhofen
Bamberg
Fränkische
Maria im Weingarten
Speichersdorf
Volkach
Strullendorf
Waischenfeld
Creußen
Rimpar
Steigerwald
Vogelsburg
Burgebrach
Binghöhle
Schloss Hofgarten
Veitshöchheim
Burg Rabeneck
Ebermannstadt
Pottenstein
Dettelbach
Würzburg
Schlüsselfeld
Schloss Weißenstein
Schweiz
Pegnitz
Eibelstadt
Kitzingen
Teufelshöhle
Forchheim
Schloss Schwanberg
Schloss Thurn
Höchstadt a.d. Aisch
Weiden i.d. Oberpfalz
Ochsenfurt
Marktbreit
Baiersdorf
Markt Bibart
Gräfenberg
Burg Veldenstein
Aisch
Regnitz
Neustadt a.d. Aisch
Herzogenaurach
Erlangen
Schnaittach
Aub
Uffenheim
Ruine Rothenburg
Heroldsberg
Bad Windsheim
Langenzenn
Lauf
Pegnitz
Hersbruck
Bad Mergentheim
Markt Erlbach
Fürth
Röthenbach
Cadolzburg
Naab
Amberg
Burgbernheim
Nürnberg
Zirndorf
Frankenalb
Stein
Rothenburg ob d. Tauber
Roßtal
Feucht
Altdorf
Mittelfranken
Heilsbronn
Schwabach
Wendelstein
Schwandorf
Leutershausen
Ansbach
Neuendettelsau
Rednitz
Neumarkt
Schillingsfürst
Windsbach
Abenberg
Roth
Allersberg
Frankenhöhe
Herrieden
Wolframs-Eschenbach
Hilpoltstein
Regen
Spalt
BAYERN
Feuchtwangen
Crailsheim
Fränkisches Seenland
Bechhofen
Brombachsee
Pleinfeld
Gunzenhausen
Thalmässing
Schwäbisch Hall
Ellingen
Regensburg
Wassertrüdingen
Dinkelsbühl
Römerkastell
Weißenburg
Greding
Fränkische Alb
Donau
Altmühl
Mönchsroth
Benediktinerkloster Heidenheim
Fossa Karolina
Bleimer Schloss
Treuchtlingen
Solnhofen
Eichstätt
Müller-Museum
Nördlingen
Aalen
Ingolstadt
Donauwörth

Blick vom Kreuzberg in die weiten Landschaften der Rhön. Auf dem zweithöchsten Berg der Rhön soll der Legende nach der heilige Kilian ein Kreuz aufgestellt haben, das sich zu einem Wallfahrtsziel entwickelte. Julius Echter ließ eine Kapelle bauen, später wurde ein Franziskanerkloster errichtet, in dem seit 1731 Bier gebraut wird, das das seinige zur Anziehungskraft des Kreuzberges beiträgt.

Impressum

Buchgestaltung
www.hoyerdesign.de

Karte
Fischer Kartografie, Aichach

Printed in Germany
Repro: Artilitho snc, Lavis-Trento, Italien
www.artilitho.com
Druck und Verarbeitung: Offizin Andersen Nexö, Leipzig

ISBN 978-3-8003-4090-3